车迷不可不知的100个新能源汽车知识

庞永华 编

U0313897

化学工业出版社

·北京·

内 容 简 介

本书内容共分 8 章，分别介绍了新能源汽车及其关键零部件中令车迷比较感兴趣而又相对难懂的内容，涵盖新能源汽车基础知识、动力电池知识、驱动电机知识、纯电动汽车知识、混合动力电动汽车知识、燃料电池电动汽车知识、新能源汽车充电知识、新能源汽车暖风与空调系统知识等。

全书以问答的形式进行介绍，每章内容包含若干个问题和答案，基本涵盖了车迷和汽车爱好者普遍关心的实际问题。本书深入浅出、图文表并茂、通俗易懂、新颖实用。

图书在版编目（CIP）数据

车迷不可不知的100个新能源汽车知识 / 庞永华编.—北京：化学工业出版社，2023.1
ISBN 978-7-122-42438-9

Ⅰ.①车⋯ Ⅱ.①庞⋯ Ⅲ.①新能源 - 汽车 - 基本知识
Ⅳ.① U469.7

中国版本图书馆 CIP 数据核字（2022）第 201116 号

责任编辑：黄　滢　　　　　　　　装帧设计：李子姮
责任校对：边　涛

出版发行：化学工业出版社（北京市东城区青年湖南街13号　邮政编码100011）
印　　装：中煤（北京）印务有限公司
710mm×1000mm　1/16　印张10　字数153千字　2023年3月北京第1版第1次印刷

购书咨询：010-64518888　　　　　　售后服务：010-64518899
网　　址：http://www.cip.com.cn

新能源汽车，不仅仅是人们的代步工具，它也代表一种文化。

随着我国大形势的发展，新能源汽车日益普及，其发展的技术水平也日新月异，这种以绿色出行为目的的新能源汽车正在向着能源使用多元化、动力系统电气化以及汽车排放清洁化的方向迅速发展。与此同时，对新能源汽车感兴趣的车迷也越来越多。车迷们对新能源汽车知识的需求相比一般人来讲更加强烈一些，他们迫切需要大量的关于新能源汽车构造、原理、设计思想、风格形态、历史文化等方方面面的知识来武装自己，丰富自身的精神生活。当然，他们可能对于新能源汽车的基本知识已经比较熟悉，所以希望能够获取内容更深一些或者是更加专业一点的新能源汽车知识。鉴于此，在化学工业出版社的组织下，特编写了本书。

本书内容丰富，共分 8 章，包括新能源汽车基础知识、新能源汽车动力电池知识、新能源汽车驱动电机知识、新能源纯电动汽车知识、新能源混合动力电动汽车知识、新能源燃料电池电动汽车知识、新能源汽车充电知识、新能源汽车暖风与空调系统知识等。每章内容包含若干个问题和答案，基本涵盖了车迷和汽车爱好者普遍关心的实际问题。

本书形式新颖，在编写过程中以通俗易懂的文字进行介绍，并采用"问答与图解"相结合的编写模式，目的是使读者的阅读过程更加轻松和一目了然，并力求将书中内容与实际生活紧密结合，读者在遇到问题后能够在书中快速查找到自己关心的问题和答案。本书的每一个知识点都能够学为所用，真正地为车迷服务。

本书适合大众车迷和汽车爱好者、青少年以及对新能源汽车知识感兴趣的读者阅读与参考。

由于编者水平所限，书中难免会有不妥和疏漏之处，恳请广大读者批评指正。

庞永华

目录 — CONTENTS

目录 — CONTENTS

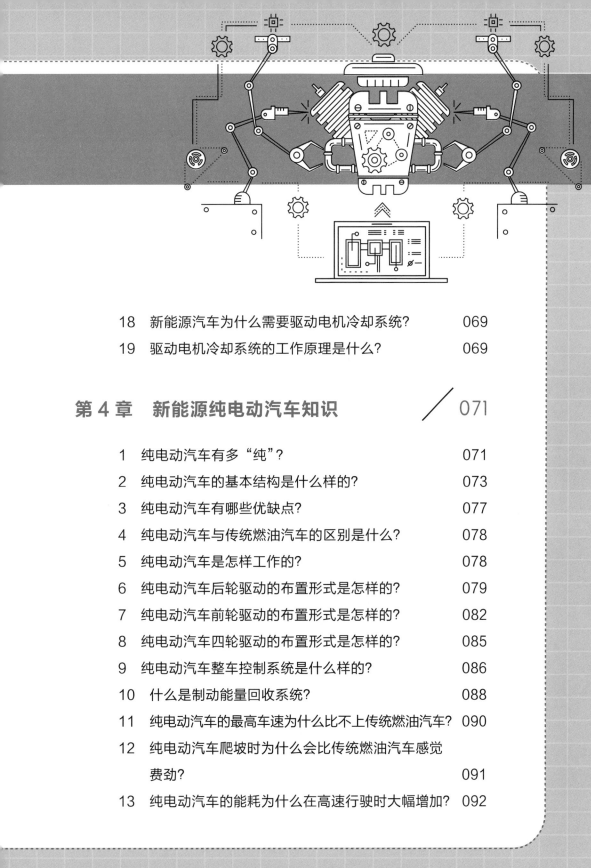

目录 — CONTENTS

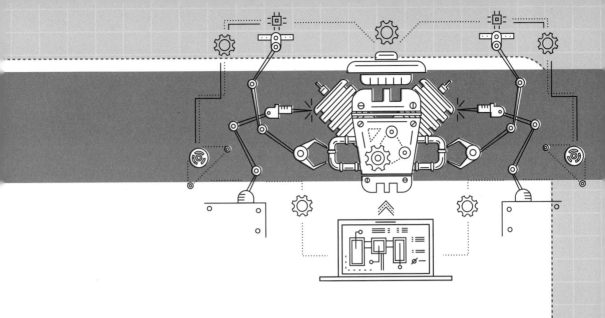

目录 — CONTENTS

第1章
新能源汽车基础知识

1 新能源汽车是如何定义的？

2016年10月20日，我国工业和信息化部第26次部务会议审议通过了《新能源汽车生产企业及产品准入管理规定》，此规定中再次明确了新能源汽车的定义。

本规定所称新能源汽车，是指采用新型动力系统，完全或者主要依靠新型能源驱动的汽车，包括插电式混合动力（含增程式）电动汽车、纯电动汽车和燃料电池电动汽车等，如图1-1所示。

图1-1　新能源汽车

在日本，新能源汽车被称为"低公害汽车"。

在美国，新能源汽车被称为"代用燃料汽车"。

 新能源汽车有哪些类型？

新能源汽车，主要分为纯电动汽车、混合动力电动汽车和燃料电池电动汽车。

❶ 纯电动汽车：是指驱动能完全由电能提供、由电机驱动的汽车。电机的驱动电能，来源于车载可充电储能系统或其他能量储存装置，如图1-2所示。

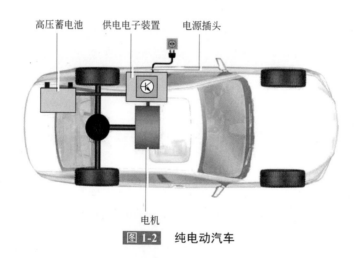

图 1-2 纯电动汽车

❷ 混合动力电动汽车：是指能够至少从下述两类车载存储的能量中获得动力的汽车，即可消耗的燃料和可再充电能/能量储存装置。混合动力电动汽车又可分为插电式和非插电式，其中插电式混合动力电动汽车如图1-3所示。

❸ 燃料电池电动汽车：是指以燃料电池系统作为单一动力源或者是以燃料电池系统与可充电储能系统作为混合动力源的电动汽车（图1-4）。其电池能量是通过氢气和氧气之间的化学反应作用直接转变成电能的，而不是经过燃烧。

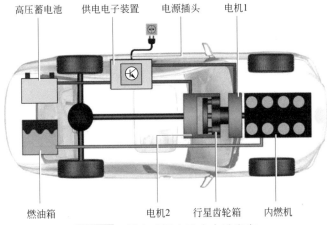

图 1-3 插电式混合动力电动汽车

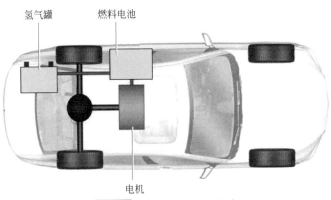

图 1-4 燃料电池电动汽车

三种新能源汽车的区别见表 1-1。

表 1-1 三种新能源汽车的区别

类型	车辆		驱动装置	动力来源	驱动方式	外接充电
纯电动汽车	高压蓄电池　供电电子装置　电源插头 电机		电动机	电池	电-电-动力	能

类型	车辆	驱动装置	动力来源	驱动方式	外接充电
混合动力电动汽车	高压蓄电池　供电电子装置　电源插头　电机1 燃油箱　电机2　行星齿轮箱　内燃机	发动机电动机	燃油电池	油/电-油/电-动力	能
燃料电池电动汽车	氢气罐　燃料电池 电机	电动机	氢气	氢-电-动力	不能

3 新能源汽车与传统燃油汽车的动力系统有什么区别?

　　传统燃油汽车使用汽油或柴油作为动力来源,新能源汽车使用清洁能源作为动力来源(图1-5)。因此,新能源汽车具有节能减排、减少废气产生、降低油耗的特点,比传统燃油汽车更环保。

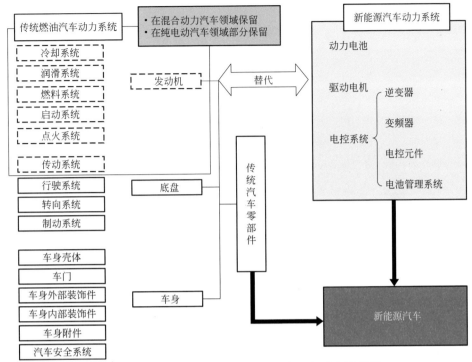

图 1-5 新能源汽车与传统燃油汽车动力系统的区别

新能源汽车和节能汽车是一回事吗？

新能源汽车和节能汽车不能混为一谈。

新能源汽车使用的非常规的车用燃料，是指除汽油、柴油、天然气、液化石油气、乙醇汽油、甲醇等之外的燃料，因此天然气汽车、液化石油气汽车和甲醇汽车等都不属于新能源汽车，而属于节能汽车。新能源汽车，主要包括纯电动汽车、混合动力电动汽车和燃料电池电动汽车，其中混合动力电动汽车又分为插电式混合动力电动汽车和非插电式混合动力电动汽车。在我国，非插电式混合动力电动汽车被划分到节能汽车系列中。

节能汽车是指以内燃机为主要动力系统，综合工况燃料消耗量优于下一阶段目标值的汽车，包括燃油汽车、混合动力汽车和燃料电池汽车等。

至于电动汽车的概念，基本等同于新能源汽车。但是，四轮低速电动车没有正规的国家生产标准，在车辆性能方面与汽车相差甚远，既不属于汽车，也不属于节能汽车，更不属于新能源汽车。如图1-6所示。

图 1-6　四轮低速电动车

5　新能源汽车的关键零部件有哪些？

新能源汽车的关键零部件，主要有驱动电机、电机控制器、动力电池系统、增程式发动机、机电耦合装置、燃料电池堆及系统、高压总成、整车控制器和轻量化车身等，如图1-7所示。

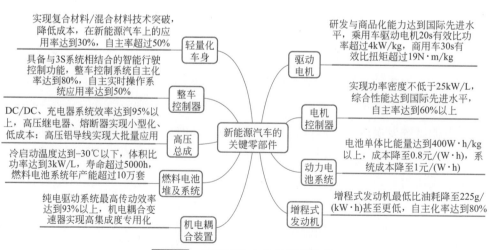

实现复合材料/混合材料技术突破，降低成本，在新能源汽车上的应用率达到30%，自主率超过50%

具备与3S系统相结合的智能行驶控制功能，整车控制系统自主化率达到80%，自主实时操作系统应用率达到50%

DC/DC、充电器系统效率达到95%以上，高压继电器、熔断器实现小型化、低成本；高压铝导线实现大批量应用

冷启动温度达到-30℃以下，体积比功率达到3kW/L，寿命超过5000h，燃料电池系统年产能超过10万套

纯电驱动系统最高传动效率达到93%以上，机电耦合变速器实现高集成度专用化

研发与商品化能力达到国际先进水平，乘用车驱动电机20s有效比功率超过4kW/kg，商用车30s有效比扭矩超过19N·m/kg

实现功率密度不低于25kW/L，综合性能达到国际先进水平，自主率达到60%以上

电池单体比能量达到400W·h/kg以上，成本降至0.8元/(W·h)，系统成本降至1元/(W·h)

增程式发动机最低比油耗降至225g/(kW·h)甚至更低，自主化率达到80%

轻量化车身　整车控制器　高压总成　燃料电池堆及系统　机电耦合装置

新能源汽车的关键零部件

驱动电机　电机控制器　动力电池系统　增程式发动机

图 1-7　新能源汽车的关键零部件

6 新能源汽车的三大核心技术是什么?

在新能源汽车的整个平台架构中,整车控制器(VCU)、电机控制器(MCU)及电池包和电池管理系统(BMS)是最重要的核心技术,对整车的动力性、经济性、可靠性和安全性等有着重要影响。

(1) VCU

VCU 的组成如图 1-8 所示,包括外壳、硬件电路、底层软件和应用层软件,其中硬件电路、底层软件和应用层软件是 VCU 的关键核心技术。

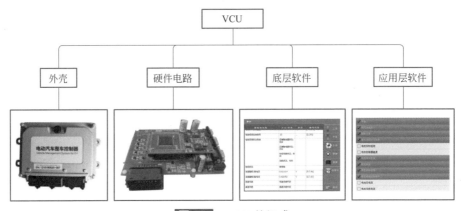

图 1-8 VCU 的组成

VCU 是实现整车控制决策的核心电子控制单元,传统燃油汽车不需要这种装置,一般仅新能源汽车配备。

VCU 通过采集加速踏板、制动踏板和挡位等信号来判断驾驶人的驾驶意图;通过监测汽车车速、温度等状态信息,由 VCU 判断处理后,向动力系统、动力电池系统发送汽车的运行状态控制指令,同时控制整车系统故障诊断保护与存储功能。

(2) MCU

MCU 的组成如图 1-9 所示,包括外壳及冷却系统、功率电子单元、控制电路、底层软件和控制算法软件。

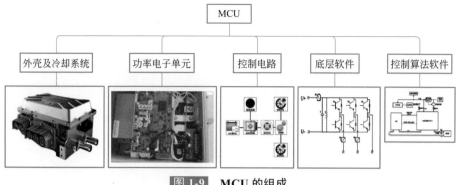

图 1-9　**MCU 的组成**

　　MCU 是新能源汽车特有的核心功率电子单元，通过接收 VCU 的车辆行驶控制指令，控制电机输出指定的转矩和转速，驱动汽车行驶。实现把动力电池的直流电能转换为所需的高压交流电，并驱动电机本体输出机械能。同时，MCU 具有电机系统故障诊断保护和存储功能。

（3）电池包和BMS

　　电池包的组成如图 1-10 所示，包括电芯、模块、热管理系统、BMS、电气系统和箱体。BMS 能够提高电池的利用率，防止电池出现过充电和过放电，延长电池的使用寿命，监控电池的状态。

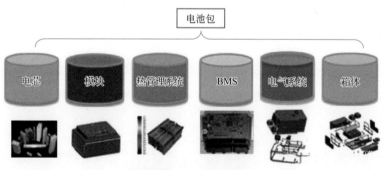

图 1-10　**电池包的组成**

　　电池包是新能源汽车的核心能量源，为整车提供驱动电能，它主要通过金属材质的壳体包络构成电池包主体。模块化的结构设计实现了电芯的集成，通过热管理设计与仿真优化电池包热管理性能，电气部件及线束实现了控制系统对电池的安全保护及连接路径；通过 BMS 实现对电芯的管理，以及与整车的通信和信息交换。

BMS 是电池包最关键的零部件，与 VCU 类似，核心部分由硬件电路、底层软件和应用层软件组成。但是，BMS 硬件由主板（BCU）和从板（BMU）两部分组成，从板安装于模组内部，用于检测单体电压、电流和均衡控制；主板安装位置比较灵活，用于继电器控制、荷电状态值（SOC）估计和电气伤害保护等。

新能源汽车的高电压系统存在形式有哪些？

新能源汽车的高电压系统，集中在车辆的驱动系统、空调与暖风系统、12V 电源系统以及带有插电功能的充电系统。根据高电压存在的时间进行分类，新能源汽车高电压系统主要有三种存在形式，如图 1-11 所示。

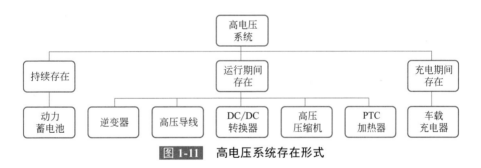

图 1-11 高电压系统存在形式

❶ 持续存在：即使在车辆停止运行期间，新能源汽车的动力电池也持续存在高电压。由于动力电池始终存储有电能，因此当满足动力电池的放电条件后，该部件将持续对外放电。

❷ 运行期间存在：运行期间存在高电压的部件，是指当点火开关处于 ON、RUN 或其他运行状态下，部件存在高电压。

❸ 充电期间存在：充电期间存在高电压，主要指的是插电式混合动力电动汽车和纯电动汽车，这类车辆的车载充电器以及连接的导线只有在车辆连接有外部 220V 电网的充电期间才会具有高电压。

新能源汽车为什么需要高压互锁？

新能源汽车与传统燃油汽车有明显的不同，尤其是纯电动汽车不会像传统燃油汽车那样能通过明显的抖动、气味、热量等途径感知到其工作情况，判断车辆安全状态。因此，新能源汽车需要高压互锁回路等办法来保证车辆在运行过程中的安全可靠性。

（1）定义

高压互锁（High Voltage Interlock Loop，HVIL），也叫危险电压互锁回路，是用低压信号监视高压回路完整性的一种安全设计方法。

（2）作用

❶ 整车在高压上电前，确保整个高压系统的完整性，使其处于一个封闭的环境下工作，提高安全性。

❷ 整车在运行过程中，当高压系统回路断开或者完整性受到破坏的时候，需要启动安全防护。

❸ 防止带电拔插高压连接器给高压端子造成拉弧损坏，甚至造成人身伤害。

（3）工作原理

由于高压插头（高压连接器）中高压电源的正负极端子和中间互锁端子的物理长度不一样，当需要连接高压插头时，高压插头的电源正负极端子先于中间互锁端子连接好；当需要断开高压插头时，高压插头的中间互锁端子先于高压插头中的电源正负极端子脱开，如图1-12所示。

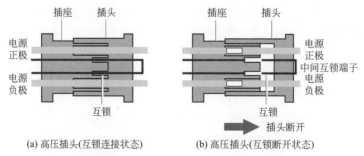

(a) 高压插头(互锁连接状态)　　(b) 高压插头(互锁断开状态)

图 1-12 高压插头连接机构及工作原理

我国新能源汽车的发展目标是什么？

我国节能与新能源汽车技术重点发展方向如图 1-13 所示，节能与新能源汽车发展目标见表 1-2，新能源汽车产业格局如图 1-14 所示。

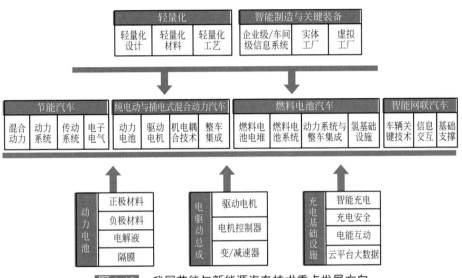

图 1-13 我国节能与新能源汽车技术重点发展方向

表 1-2 节能与新能源汽车发展目标

发展目标	技术路径	发展重点
乘用车新车平均油耗：	节能乘用车：	先进内燃机燃烧机理研究
2020 年 5.0L/100km	提高发动机热效率	自主控制系统开发
2025 年 4.0L/100km	优化动力总成匹配	全可变气门技术
2030 年 3.2L/100km	降低传动损失	废气能量回收
商用车平均油耗（相比 2015 年）：	减少整车能量损耗	发动机热管理技术
2020 年降低 10%	混合动力发动机专用化	变速器自动化、高效化及核心零部件技术
2025 年降低 15%	提高混合动力系统效率	低摩擦技术研究
2030 年降低 20%	节能商用车：	增压器与应用技术
节能与新能源汽车市场占有率：	提高柴油机热效率	先进燃油喷射系统研究
2020 年 30%	降低整车动力损耗	48V 系统开发
2025 年 40%	混合动力	混合动力发动机技术
2030 年 50%		混合动力机电耦合技术

图 1-14 新能源汽车产业格局

第2章
新能源汽车动力电池知识

 新能源汽车为什么需要动力电池？

动力电池，就是为车辆提供动力来源的电源，多指为电动汽车、电动列车和电动自行车等提供动力的蓄电池，如图 2-1 所示。

动力电池作为新能源汽车的动力来源，是整车中最重要的系统，占整车成本的 30% ～ 40%，这也是区别于其他传统燃油汽车的标志性部件。如果说传统燃油汽车的"心脏"是发动机，那么新能源汽车的"心脏"就是动力电池。

作为新能源汽车的核心部分，动力电池的性能直接影响汽车的续航、速度、充电速度和安全。

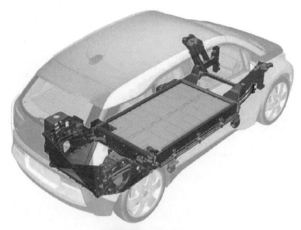

图 2-1 动力电池

新能源汽车对动力电池的基本要求是什么？

新能源汽车对动力电池的基本要求如下。

❶ 比能量高。

❷ 比功率大。

❸ 充放电效率高。

❹ 相对稳定性好。

❺ 安全性好。

❻ 使用成本低。

动力电池的主要性能指标有哪些？

动力电池是电动汽车的动力源，是能量的存储装置。

动力电池的性能指标，主要有电压、容量、内阻、能量、功率、输出效率、自放电率和使用寿命等。根据动力电池的种类不同，其性能指标也有差异。

（1）电压

电压主要有端电压、标称电压、开路电压、工作电压、充电终止电压和放电终止电压。

❶ 端电压：是指电池正极与负极之间的电压差。

❷ 标称电压：也称额定电压，是指电池在标准规定条件下工作时应达到的电压。

❸ 开路电压：是指电池在开路条件下的端电压，即电池在没有负载情况下的端电压。

❹ 工作电压：也称负载电压，是指电池接通负载后处于放电状态下的端电压。

❺ 充电终止电压：蓄电池充足电时，极板上的活性物质已达到饱和状态，再继续充电，电池的电压也不会上升，这时的电压称为充电终止电压。

❻ 放电终止电压：电池在一定标准所规定的放电条件下放电时，电池的电压将逐渐降低，当电池不宜再继续放电时，电池的最低工作电压称为放电终止电压。

（2）容量

容量是指完全充电的蓄电池在规定条件下所释放的总电量，单位为 A·h 或 kA·h，它等于放电电流与放电时间的乘积。通常情况下，电池体积越大，容量越高。

❶ 额定容量：是指在室温下完全充电的蓄电池以 I_1（A）电流放电，达到终止电压时所放出的容量。

❷ n 小时率容量：是指完全充电的蓄电池以 n 小时率放电电流放电，达到规定终止电压时所释放的电量。

❸ 理论容量：是把活性物质的质量按法拉第定律计算而得出的最高理论值。

❹ 实际容量：也称可用容量，是指蓄电池在一定条件下所能输出的电量。它等于放电电流与放电时间的乘积，其值小于理论容量。

❺ 荷电状态：是指蓄电池在一定放电倍率下，剩余电量与相同条件下额定容量的比值，反映蓄电池容量变化的特性。

（3）内阻

电池的内阻，是指电流流过电池内部时所受到的阻力，一般是蓄电池中电解质、正负极群和隔板等电阻的总和。

电池的内阻越大，电池自身消耗的能量越多，电池的使用效率就越低。

（4）能量

电池的能量，是指在一定放电制度下，电池所能输出的电能，单位为 W·h 或 kW·h。

❶ 总能量：是指电池在寿命周期内电能输出的总和。

❷ 理论能量：是电池的理论容量与额定电压的乘积，指在一定标准所规定的放电条件下电池所输出的能量。

❸ 实际能量：是电池实际容量与平均工作电压的乘积，表示在一定条件下电池所能输出的能量。

❹ 比能量：也称质量比能量，是指电池单位质量所能输出的电能，单位为 W·h/kg。

❺ 能量密度：也称体积比能量，是指电池单位体积所能输出的电能，单位为 W·h/L。

❻ 充电能量：是指通过充电机输入蓄电池的电能。

❼ 放电能量：是指蓄电池放电时输出的电能。

（5）功率

电池的功率，是指电池在一定的放电制度下，单位时间内所输出能量的大小，单位为 W 或 kW。电池的功率，决定了电动汽车的加速性能和爬坡能力。

（6）输出效率

动力电池在充放电时，会有一定的能量损耗，通常用电池的容量效率和能量效率来表示。

❶ 容量效率：是指电池放电时输出的容量与充电时输入的容量之比。

❷ 能量效率：也称电能效率，是指电池放电时输出的能量与充电时输入的能量之比。

（7）自放电率

自放电率，是指电池在存放期间容量的下降率，即电池无负荷时自身放电使容量损失的速度，它表示蓄电池搁置后容量变化的特性。

（8）放电倍率

电池放电电流的大小常用"放电倍率"表示，即电池的放电倍率用放电时间表示，或者以一定的放电电流放完额定容量所需的时间（h）来表示。放电时间越短，即放电倍率越高，则放电电流越大。

放电倍率等于额定容量与放电电流之比。

❶ 低倍率：小于 0.5。

❷ 中倍率：0.5 ～ 3.5。

❸ 高倍率：3.5 ～ 7.0。

❹ 超高倍率：大于 7.0。

（9）使用寿命

使用寿命是指电池在规定条件下的有效寿命期限。电池发生内部短路或损坏而不能使用，以及容量达不到规范要求时电池失效，这时电池的使用寿命终止。

❶ 使用期限：是指电池可供使用的时间，包括电池的存放时间。

❷ 使用周期：是指电池可供重复使用的次数，也称循环寿命。

4 动力电池有哪些种类？

动力电池，主要分为化学电池、物理电池和生物电池。如图 2-2 所示。

（1）化学电池

化学电池，就是利用物质的化学反应发电的电池，可以分为原电池、蓄电池和燃料电池。这里重点介绍蓄电池和燃料电池。

❶ 蓄电池：电动汽车所用的动力蓄电池与一般启动蓄电池不同，它是以较长时间的中等电流持续放电为主，间或以大电流放电（启动、加速等），

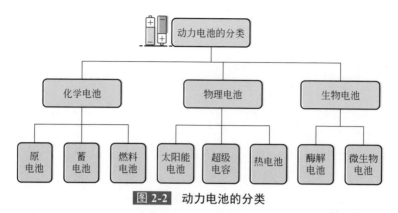

图 2-2 动力电池的分类

并以深循环使用为主，主要有铅酸蓄电池、镍金属蓄电池和锂离子蓄电池等。

❷ 燃料电池：就是一种将储存在燃料和氧化剂中的化学能通过电极反应直接转化为电能的发电装置。它的基本化学原理是水电解反应的逆过程，即氢氧反应产生电、水和热。它不需要燃烧、没有转动部件、没有噪声、最终产物是水，真正达到清洁、可再生、无排放的要求。但是，燃料电池的制造和使用成本都比较高，辅助设备复杂，系统抗震能力有待提高。

（2）物理电池

物理电池，就是利用光、热、物理吸附等物理能量发电的电池。

❶ 超级电容：功率密度高，但电池容量小，是一种介于传统电容与电池之间的电源元件。它主要依靠双电层和氧化还原电容电荷储存电能，期间不发生化学反应。

❷ 飞轮电池（热电池）：利用类似飞轮转动时产生能量的原理来实现自身充放电。

❸ 太阳能电池：利用太阳能板通过光电效应或者光化学效应直接把光能转化成电能的装置。

（3）生物电池

生物电池，就是利用生物化学反应发电的装置，主要有微生物电池、酶电池和生物太阳能电池等。例如微生物电池，就是利用电池的阳极来代替氧或硝酸盐等天然的电子受体，通过电子的不断转移来产生电能。它的本质，就是收获微生物代谢过程中产生的电子并引导电子产生电流的系统。

新能源电动汽车上的动力电池主要是化学电池，物理电池一般作为辅助电源使用，比如超级电容。

 # 蓄电池有哪些种类？

蓄电池是一种将所获得的电能以化学能的形式储存并可以将化学能转变为电能的电化学装置，可以重复充、放电，如图 2-3 所示。

(a) 单体蓄电池　　　　　　　　(b) 蓄电池系统

图 2-3 蓄电池

（1）分类

❶ 动力蓄电池：为电动汽车动力系统提供能量，以锂离子蓄电池为主。

❷ 辅助蓄电池：为电动汽车低压辅助系统供电，以铅酸蓄电池为主。

（2）结构类型

❶ 单体蓄电池：将化学能与电能进行相互转换的基本单元装置，通常包括电极、隔膜、电解质、外壳和端子，并被设计成可充电，也称为电芯。

❷ 蓄电池模块：将一个以上单体蓄电池按照串联、并联或混联方式组合，并作为电源使用的组合体，也称为蓄电池组。

❸ 蓄电池包：通常包括蓄电池组、蓄电池管理系统、蓄电池箱及相应附件（冷却部件、连接线缆等），具有从外部获得电能并可对外输出电能的

单元。

④蓄电池系统：是指一个或一个以上蓄电池包及相应附件（管理系统、高压电路、低压电路、热管理设备及机械总成等）构成的能量存储装置。

 # 蓄电池是怎样蓄电的？

蓄电池可以重复充、放电，也称为二次电池。电池组并不能直接储存电，因为电荷是有流动方向的，而大量的电子不能像一般物品一样储存在仓库里。电池组是把外部的电能用来促使电池内部发生化学反应，从而把电能转化为化学能储存起来；而在使用电池时，电池内部会发生反向化学反应，把储存的化学能转变为电能。这个可逆的变化，可以多次重复进行，蓄电池也就可以反复充电使用了。

 # 什么是铅酸蓄电池？

铅酸蓄电池，是指正极活性物质使用二氧化铅，负极活性物质使用海绵状铅，并以硫酸溶液为电解液的蓄电池。这种蓄电池主要用在低速电动汽车上。

（1）分类

❶免维护铅酸蓄电池。

❷阀控式铅酸蓄电池（VRLA）。

（2）结构

铅酸蓄电池，主要由正负极板、隔板、电解液、溢气阀和壳体等部分组成，如图2-4所示。

隔板　正极端子　密度计　溢气阀　负极端子

负极板　　　　　　正极板　　　　　壳体

图 2-4 铅酸蓄电池的结构

❶ 极板：铅酸蓄电池的核心部件，正极板上的活性物质是二氧化铅，负极板上的活性物质是海绵状铅。

❷ 隔板：隔离正、负极板，防止短路，作为电解液的载体，能够吸收大量的电解液，起到促进离子良好扩散的作用。

❸ 电解液：由蒸馏水和纯硫酸按照一定比例配制而成，主要作用是参与电化学反应，是铅酸蓄电池的活性物质之一。

❹ 溢气阀：位于蓄电池顶部，起到安全、密封和防爆等作用。

❺ 壳体：这是电池的容器。

 铅酸蓄电池是怎样工作的？

铅酸蓄电池的工作原理，包括充电过程和放电过程，阀控式铅酸蓄电池（VRLA）由于其结构特点还包括氧循环原理，如图 2-5 所示。

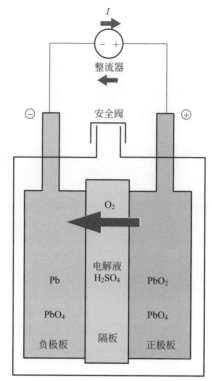

图 2-5 阀控式铅酸蓄电池（VRLA）的工作原理

❶ 放电：铅酸蓄电池的使用过程就是放电过程，正极的活性物质 PbO_2 变为 $PbSO_4$，负极的活性物质海绵状铅变为 $PbSO_4$，电解液中的 H_2SO_4 不断减少，逐渐消耗生成 H_2O，电解液的密度降低。放电时的总反应为

$$Pb+PbO_2+2H_2SO_4 \longrightarrow 2PbSO_4+2H_2O$$

❷ 充电：利用外接电源，通过铅酸蓄电池将电能转变为化学能的过程。充电过程中，正、负极板上的有效物质逐渐恢复，电解液 H_2SO_4 的比例逐渐增加，所以可以从比例升高的数值来判断充电程度。充电时的总反应为

$$2PbSO_4+2H_2O \longrightarrow Pb+PbO_2+2H_2SO_4$$

❸ 氧循环：从正极周围析出的氧气，通过电池内循环，扩散到负极被吸收，变为固体氧化铅之后，又化合为液态水，经历了一次大循环。

铅酸蓄电池的化学反应式如下。

$$PbO+H_2SO_4 \longrightarrow PbSO_4+H_2O$$

阀控式铅酸蓄电池的氧循环图示如下。

$$正极 \quad PbSO_4 + H_2O \longrightarrow PbO_2 + O_2 \longrightarrow 扩散$$

负极 → PbSO_4 → Pb   O_2 ←
→ H_2O
H_2SO_4 + PbO

 铅酸蓄电池有哪些优缺点？

（1）优点

❶ 单体蓄电池的电压一般能达到 2.0V。

❷ 制造成本低廉。

❸ 可以做成小至 $1A \cdot h$，大至数千安·时的各种尺寸和结构的蓄电池。

❹ 高倍率放电性能良好，可用于发动机启动。

❺ 电能效率可以达到 60%。

❻ 高低温性能良好，可以在 -40 ～ 60℃条件下工作。

❼ 易于浮充使用，没有"记忆"效应，且易于识别荷电状态。

（2）缺点

❶ 比能量低，在新能源汽车中所需要占用的整体质量和体积比较大，一次充电可行驶的里程比较短。

❷ 使用寿命短，后期使用成本高。

❸ 充电时间长。

❹ 铅是重金属，存在污染。

 什么是镍氢蓄电池？

金属氢化物镍蓄电池，也称镍氢蓄电池，是指正极使用镍氧化物、负极使用可吸收释放氢的储氢合金、以氢氧化钾为电解质的蓄电池。这种蓄电池，在混合动力电动汽车上应用较多，其结构如图2-6所示。

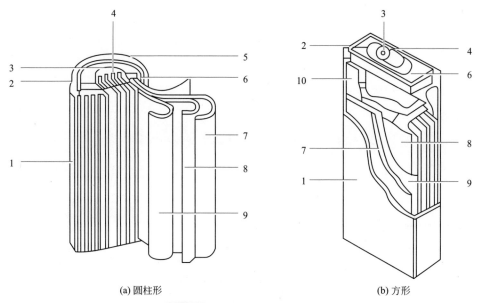

(a) 圆柱形　　　　　　　　　　　(b) 方形

图 2-6　镍氢蓄电池的结构

1—外壳；2—绝缘衬垫；3—盖帽（+）；4—安全排气口；5—封盘；
6—绝缘圈；7—负极；8—隔膜；9—正极；10—绝缘体

（1）分类

❶ 圆柱形镍氢蓄电池。

❷ 方形镍氢蓄电池。

（2）结构

以圆柱形镍氢电池为例，主要由正极、负极、分离层和金属外壳等组成。

❶ 正极：活性物质氢氧化镍。

❷ 负极：储氢合金。

❸ 分离层：隔膜纸，用氢氧化钾作为电解质，在正负极之间有分离层，共同组成镍氢单体电池。

❹ 金属外壳。

在圆柱形镍氢蓄电池中，正、负极用隔膜纸分开卷绕在一起，然后密封在金属外壳中。

在方形镍氢蓄电池中，正、负极用隔膜纸分开后叠成层状，然后密封在外壳中。

镍氢蓄电池是怎样工作的？

镍氢蓄电池，是将物质的化学反应产生的能量直接转化成电能的一种装置。它的性能特点，主要取决于本身体系的电极反应。其充放电示意图见图 2-7。

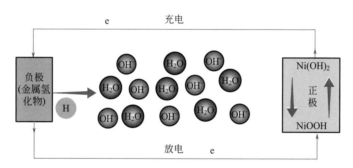

图 2-7 镍氢蓄电池工作充放电示意图

（1）充电过程

充电时，正极活性物质中的 H^+ 首先扩散到正极/溶液界面与溶液中的 OH^- 反应生成 H_2O，然后溶液中游离的 H^+ 通过电解质扩散到负极/溶液界面发生电化学反应生成氢原子，并进一步扩散到负极材料储氢合金中与之形成金属氢化物。即正极发生 $Ni(OH)_2 \rightarrow Ni(OOH)$ 转变，负极则发生水分解反应，合金表面吸附氢，生成氢化物。

充电时正、负极的电化学反应分别为

$$Ni(OH)_2 - e + OH^- \longrightarrow NiOOH + H_2O$$

$$2MH + 2e \longrightarrow 2M^- + H_2$$

（2）放电过程

放电是上述反应的逆反应，即正极发生 $Ni(OOH) \rightarrow Ni(OH)_2$ 转变，负极储氢合金脱氢，在表面生成水。

放电时正、负极的电化学反应分别为

$$NiOOH+H_2O+e \longrightarrow Ni(OH)_2+OH^-$$

$$2M^-+H_2 \longrightarrow 2MH+2e$$

（3）过充放电过程

镍氢蓄电池充放电过程，可以看成是氢原子或质子从一个电极移向另一个电极的往复过程。过放电时，正极上可被还原的 Ni(OOH) 已经被消耗完，这时 H_2O 在镍电极上被还原。过充电时，正极发生反应析出氧气，氧气通过多孔隔膜到达负极表面。

 ## 镍氢蓄电池有哪些特点？

镍氢蓄电池具有无污染、高比能、大功率、快速充放电、耐用性等许多优异特性。与铅酸蓄电池相比，镍氢蓄电池具有比能量高、重量轻、体积小、循环寿命长的特点。

❶ 比功率高：目前商业化的镍氢功率型蓄电池能做到 1350W/kg。

❷ 没有污染：镍氢蓄电池不含铅、镉等对人体有害的金属，属于"绿色环保电源"。

❸ 耐过充过放。

❹ 无记忆效应。

❺ 使用温度范围宽：正常使用温度范围 -30 ～ 55℃，储存温度范围 -40 ～ 70℃。

❻ 循环次数多：目前应用在新能源汽车上的镍氢动力电池，80% 放电深度（DOD）循环可达 1000 次以上，为铅酸蓄电池的 3 倍以上，100% 放电深度（DOD）循环寿命也在 500 次以上，在混合动力电动汽车上可使用 5 年以上。

❼ 安全可靠：短路、针刺、挤压、安全阀工作能力、加热、跌落、耐震动等安全性、可靠性试验无爆炸、燃烧现象。

什么是锂离子蓄电池?

现在，纯电动汽车上应用的储能装置主要是锂离子蓄电池。

锂离子蓄电池，是用锰酸锂、磷酸锂或钴酸锂等锂的化合物作为正极，用可嵌入锂离子的碳材料作为负极，使用有机电解质的蓄电池。

（1）分类

按照锂离子蓄电池正极材料的不同，主要分为锰酸锂蓄电池、磷酸铁锂蓄电池、钴酸锂蓄电池和镍钴锰锂蓄电池。

❶ 锰酸锂蓄电池：是指用锰酸锂作为正极材料的锂离子蓄电池。优点：锰资源丰富，价格便宜，安全性高，容易制备。缺点：理论容量低，与电解质相容性不好，在深度充放电的过程中电池容量衰减快。

❷ 磷酸铁锂蓄电池：是指用磷酸铁锂作为正极材料的锂离子蓄电池。优点：稳定性高，安全可靠，非常环保，价格低廉。缺点：电阻率较大，电极材料利用率低。

❸ 钴酸锂蓄电池：是指用钴酸锂作为正极材料的蓄电池。优点：电化学性能优越，容易加工，性能稳定，一致性好，比容量高，综合性能突出。缺点：安全性较差，成本高。

❹ 镍钴锰锂蓄电池：是指用镍钴锰三元材料作为正极的锂离子蓄电池。优点：能量密度大，功率密度高，循环寿命长。缺点：成本高，对电池管理系统要求高。

（2）结构

锂离子蓄电池，主要由正极、负极、电解液、隔膜板和安全阀等组成，如图 2-8 所示。

❶ 正极：正极物质由含锂的过渡金属氧化物组成。在正极活性物质中再加入导电剂和树脂黏合剂，涂覆在铝基体上，呈细薄层状分布。

❷ 负极：负极活性物质是将碳材料与黏合剂混合后再加上有机溶剂调和制成糊状，涂覆在铜基体上制成的，呈薄层状分布。

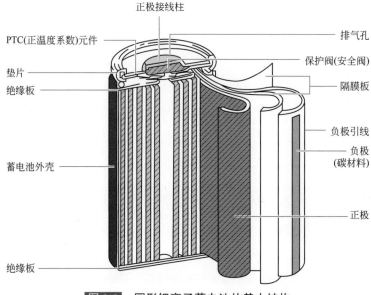

图 2-8　圆形锂离子蓄电池的基本结构

❸ 电解液：电解液是以混合溶剂为主体的有机电解液。电解液对于活性物质具有化学稳定性，必须良好适应充放电反应过程中发生的剧烈的氧化还原反应。

❹ 隔膜板：隔膜板的功能是关闭或阻断通道，一般使用聚乙烯或聚丙烯材料的微多孔膜。所谓的关闭或阻断功能，是指电池出现异常温度上升时，阻塞或阻断作为离子通道的细孔，使蓄电池停止充放电反应。

❺ 安全阀：为了确保锂离子蓄电池的使用安全性，一般对外部电路进行控制或者在蓄电池内部设有异常电流切断的安全装置。安全阀实际上是一次性非修复式的破裂膜，一旦进入工作状态，便保护蓄电池使其停止工作，因此是蓄电池的最后保护手段。

14 锂离子蓄电池是怎样工作的？

锂离子蓄电池的工作原理如图 2-9 所示。

❶ 充电过程：充电时，锂离子在正极脱嵌，通过电解质进入负极，同时

由于隔膜的作用，电子只能通过外电路从正极流向负极，形成充电电流，保持正、负极电荷平衡。

❷ 放电过程：放电时，锂离子在负极脱嵌，流向正极，电子在外电路形成放电电流。

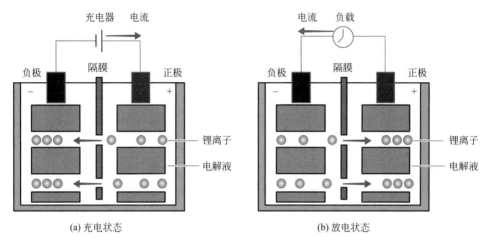

(a) 充电状态   (b) 放电状态

图 2-9　锂离子蓄电池的工作原理

锂离子蓄电池正、负极的电化学反应分别为

$$LiMO_2 \rightleftharpoons Li_{1-x}MO_2 + xLi^+ + xe$$

$$nC + xLi^+ + xe \rightleftharpoons Li_xC_n$$

总的化学反应为

$$LiMO_2 + nC \rightleftharpoons Li_{1-x}MO_2 + Li_xC_n$$

式中，M 表示 Co、Ni、Fe、W 等。

锂离子蓄电池有哪些优缺点？

（1）优点

❶ 工作电压高：单体蓄电池的工作电压为 3.6 ～ 3.9V，是镍氢、镍镉蓄电池的 3 倍。

❷ 能量密度高：锂离子蓄电池正极材料的理论能量密度可达 200W·h/kg 以上，实际应用中由于不可逆容量损失，能量密度通常低于这个数值，但也可达 140W·h/kg，该数值仍为镍镉蓄电池的 3 倍，镍氢蓄电池的 1.5 倍。

❸ 循环寿命长：新型锂离子蓄电池在深度放电情况下，循环次数可达 1000 次以上；在低放电深度条件下，循环次数可达上万次，性能远远优于其他同类蓄电池。

❹ 自放电小：室温下充满电的锂离子蓄电池储存 1 个月后的自放电率仅为 10%，低于镍镉蓄电池的 25%～30%、镍氢蓄电池的 30%～35%。

❺ 无记忆效应：可随时充电，而不会降低蓄电池性能。

❻ 环保性高：相对于传统的铅酸蓄电池、镍镉蓄电池甚至镍氢蓄电池废弃可能造成的环境污染问题，锂离子蓄电池中不包含汞、铅、镉等有害元素，是真正意义上的"绿色"蓄电池。

（2）缺点

❶ 成本高：主要是正极材料 $LiCoO_2$ 的价格高（Co 的资源较少），电解质体系提纯较困难。

❷ 不能大电流放电：由于有机电解质体系等原因，锂离子蓄电池的内阻较大，因此放电电流不能过大。过大的放电电流会使蓄电池温度过高，影响使用寿命。

16 什么是燃料电池？

燃料电池（Fuel Cell，FC）是一种化学电池，它直接把物质发生化学反应时释放出的能量变换为电能，工作时需要连续地向其供给活物质（起反应的物质）——燃料和氧化剂。由于它是把燃料通过化学反应释放出的能量变为电能输出，所以被称为燃料电池。

（1）结构

❶ 阳极：氢电极。

❷ 阴极：氧电极。

❸ 电解质：两电极之间是电解质。

❹ 外部电路。

（2）分类

❶ 按燃料电池的运行机理分类：可分为酸性燃料电池和碱性燃料电池。

❷ 按电解质分类：可分为碱性燃料电池（Alkaline Fuel Cell，AFC）、磷酸燃料电池（Phosphoric Acid Fuel Cell，PAFC）、熔融碳酸盐燃料电池（Molten Carbonate Fuel Cell，MCFC）、固体氧化物燃料电池（Solid Oxide Fuel Cell，SOFC）、质子交换膜燃料电池（Proton Exchange Membrane Fuel Cell，PEMFC）以及甲醇燃料电池等。

❸ 按燃料使用类型分类：可分为直接型燃料电池、间接型燃料电池和再生型燃料电池。

❹ 按燃料种类分类：可分为氢燃料电池、甲醇燃料电池和乙醇燃料电池等。

❺ 按燃料电池工作温度分类：可分为低温型（＜200℃）、中温型（200～750℃）、高温型（750～1000℃）和超高温型（＞1000℃）。

❻ 按燃料状态分类：可分为液体型燃料电池和气体型燃料电池。

❼ 按燃料电池发展分类：把磷酸燃料电池称为第一代燃料电池，把熔融碳酸盐燃料电池称为第二代燃料电池，把固体氧化物燃料电池称为第三代燃料电池。这些电池，都需要用可燃气体作为其发电用的燃料。

 燃料电池是怎样工作的？

（1）工作原理

燃料电池由阳极、阴极和离子导电的电解质构成，它的工作原理与普通化学电池类似：把氢气送到燃料电池的阳极板（负极），经过催化剂的作用，氢原子中的一个电子被分离出来，失去电子的氢离子穿过质子交换膜，到达燃料电池阴极板（正极），与氧原子和氢离子重新结合为水。由于供应给阴极板的氧气是从空气中获得的，因此只要不断地给阳极板供应氢气，给阴极板供应空气，并及时带走水蒸气，就能源源不断地提供电能，如图 2-10 所示。

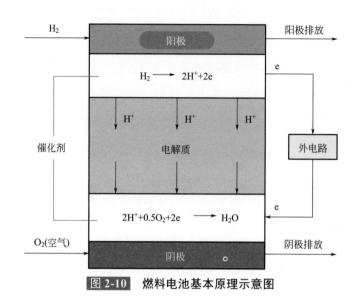

图 2-10 燃料电池基本原理示意图

（2）工作过程

❶ 氢气通过管道或导气板到达阳极。

❷ 在阳极催化剂的作用下，一个氢分子分解为两个氢离子，并释放出两个电子，阳极反应为

$$H_2 \longrightarrow 2H^+ + 2e$$

❸ 在电池的另一端，氧气（或空气）通过管道或导气板到达阴极，同时氢离子穿过电解质到达阴极，电子通过外电路也到达阴极。

❹ 在阴极催化剂的作用下，氧和氢离子与电子发生反应生成水，阴极反应为

$$\frac{1}{2}O_2 + 2H^+ + 2e \longrightarrow H_2O$$

总的化学反应为

$$H_2 + \frac{1}{2}O_2 \longrightarrow H_2O$$

（3）燃料电池发电系统

燃料电池发电系统，是用燃料电池模块通过电化学过程将反应物（燃料和氧化剂）的化学能转化为电能（直流或交流电）和热能的系统，主要由燃料电池模块、氢燃料供应与处理系统、氧化剂处理系统、增湿系统、通风系统、水管理系统、热管理系统、功率调节系统和自动控制系统等组成。

18 什么是质子交换膜燃料电池（PEMFC）？

质子交换膜燃料电池（PEMFC），采用可传导离子的聚合物膜作为电解质，是目前应用最广泛的燃料电池。根据燃料电池的发展，质子交换膜燃料电池被认为最适合作为电动汽车采用的燃料电池。

质子交换膜燃料电池的单电池，由阳极、阴极和质子交换膜组成。阳极是氢燃料发生氧化的场所，阴极是氧化剂产生还原的场所，两极都含有加速电极电化学反应的催化剂，质子交换膜为电解质。质子交换膜燃料电池单体构成如图 2-11 所示。

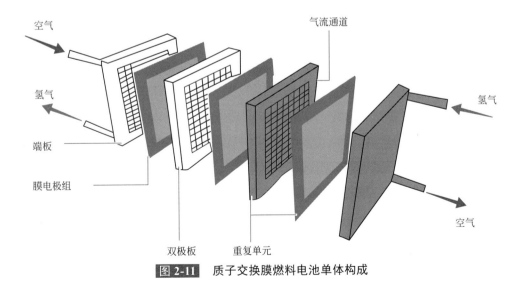

图 2-11 质子交换膜燃料电池单体构成

质子交换膜燃料电池（PEMFC）是怎样工作的？

燃料（氢气 H_2）进入阳极，通过扩散作用到达阳极催化剂表面，在阳极催化剂的作用下分解成带正电的质子（H^+）和带负电的电子（e），质子通过质子交换膜到达阴极，电子则沿外电路通过负载流向阴极；同时，氧气（O_2）通过扩散作用到达阴极催化剂表面，在阴极催化剂的作用下，电子、质子和氧气发生氧化还原反应（ORR）生成水，如图 2-12 所示。

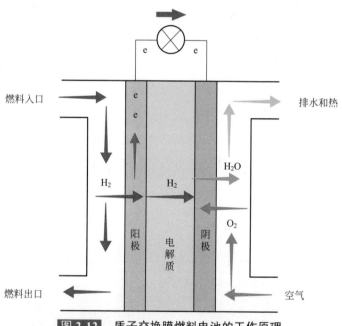

图 2-12 质子交换膜燃料电池的工作原理

阳极和阴极发生的电化学反应分别为

$$4e+4H^++O_2 \longrightarrow 2H_2O$$

$$2H_2 \longrightarrow 4H^++4e$$

电池的总反应为

$$2H_2+O_2 \longrightarrow 2H_2O$$

质子交换膜燃料电池（PEMFC）有什么特点？

❶ 能量转化，效率很高。通过氢氧化合作用，直接把化学能转化为电能，不通过热机过程，不受卡诺循环的限制。

❷ 排放为水，没有污染。唯一的排放物是纯净水（及水蒸气），没有污染物排放，是环保型能源，可实现零排放。

❸ 噪声很低，可靠性高。质子交换膜燃料电池组没有机械运动部件，工作时只有气体和水的流动。

❹ 结构简单，维护方便。质子交换膜燃料电池内部构造简单，电池模块呈现自然的"积木化"结构，使得电池组的组装和维护都非常方便，也很容易实现"免维护"设计。

❺ 发电效率，受影响小。发电效率受负荷变化影响很小，非常适合用作分散型发电装置（作为主机组），也适合用作电网的"调峰"发电机组（作为辅机组）。

❻ 氢气来源，非常广泛。氢是世界上最多的元素，是一种可再生的能源资源，取之不尽，用之不绝。

 什么是超级电容器？

超级电容器，是一种具有超级储电能力的可提供强大脉冲功率的物理二次电源。超级电容器是介于电容器和电池之间的储能器件，它既具有电容器可以快速充放电的特点，又具有电池的储能特性。

（1）组成

超级电容器，主要由正负极、电解液、隔膜和电极等组成，如图 2-13 所示。

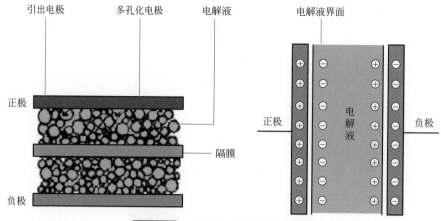

图 2-13　超级电容器的结构原理

（2）分类

❶ 按采用的电极不同，可分为炭电极电容器、贵金属氧化物电极电容器和导电聚合物电极电容器三种。

❷ 按储存电能的机理不同，可分为双电层电容器和法拉第准电容器两种。

❸ 按形状不同，可分为圆形电容器和方形电容器两种。

 超级电容器是怎样工作的？

　　超级电容器使用的电极材料多为活性炭材料，同时在相对的活性炭电极之间填充电解质溶液。当两个电极接上电压后，相对的多孔电极上聚集极性相反的电子。根据双电层理论，电解液中靠近两个电极的离子，由于电场作用聚集到两个电极附近，这些离子分别与极板所带电子极性相反，从而形成双电层电容。多孔活性炭的比表面积高达 $1000 \sim 3000 m^2/g$，这样电容器就获得了很大的极板面积，又因为电解质与多孔电极之间的界面距离很小，仅为几个电解质分子，达纳米级，从而使电容器获得了极小的极间距离，可得到超大容量的电容器，能储存很大的静电能量，如图 2-14 所示。

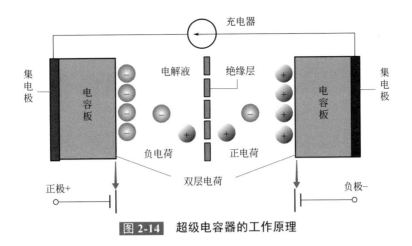

图 2-14　超级电容器的工作原理

23 超级电容器有哪些特点？

超级电容器的特点如图 2-15 所示。

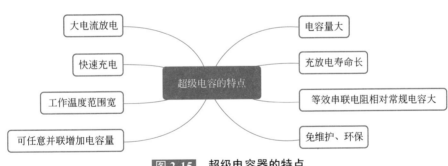

图 2-15　超级电容器的特点

❶ 充电速度快。充电 10s ～ 10min，可以达到其额定容量的 95% 以上。

❷ 循环使用，寿命长。深度充放电循环使用次数，可以达到 1 万～ 50 万次，没有"记忆效应"。

❸ 放电能力强大。大电流放电能力超强，能量转换效率高，过程损失少，大电流能量循环效率≥ 90%。

❹ 功率密度非常高。功率密度可达 300 ～ 5000W/kg，相当于电池的 5 ～ 10 倍。

❺ 整个过程没有污染。产品原材料构成、生产、使用、储存以及拆解过程都没有污染，是理想的"绿色"环保电源。

❻ 充放电线路简单，不需要充电电池那样的充电电路，安全系数高，长期使用免维护。

❼ 超低温性好。温度范围宽（-40 ～ 70℃）。

❽ 检测方便，剩余电量可以直接读出。

24 动力电池管理系统（BMS）由哪些模块构成？

动力电池管理系统（Battery Management System，BMS），俗称为"电池保护板"，是电池的核心。可以这么说，如果把电池比作人体，那么电池管理系统就是支配其身体运作的大脑。而 BMS 测试设备连接器则是整个人体的大动脉，保障人体生命线的畅通。

（1）定义

动力电池管理系统，是由电池电子部件和电池控制单元组成的电子装置，可以控制电池输入和输出功率，监视电池的状态，为电池提供通信接口的系统。某动力电池管理系统的结构框图如图 2-16 所示。

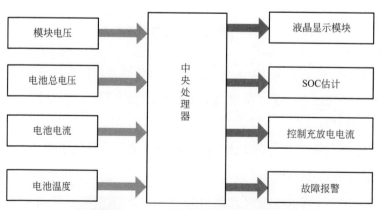

图 2-16　某动力电池管理系统的结构框图

（2）结构

❶ 检测模块：能够对电池组中各单体电池的电压、电流、温度等关键状态参数进行准确且实时的检测，并通过 SPI 上报给控制模块。

❷ 均衡电源模块：能够平衡单体电池间的电压差异，解决电池组"短板效应"。

❸ 控制模块：能够根据既定策略完成控制功能，实现 SOC 估计，同时将电池状态数据通过 CAN 总线发送给整车其他电子单元。

 动力电池管理系统（BMS）主要有哪些功能？

动力电池管理系统（BMS）是对电池进行监控和管理的系统，是连接车载动力电池和新能源汽车的重要纽带。对于新能源汽车来说，通过动力电池管理系统对电池组充放电的有效控制，可以增加续驶里程，延长电池使用寿命，降低运行成本，保证动力电池组的安全性和可靠性，如图 2-17 所示。

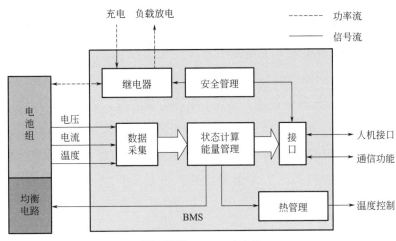

图 2-17　BMS 的功能

（1）数据采集模块

❶ 采集动力电池的电压、温度、电流等参数，为电量管理、均衡管理、热管理、故障诊断等模块提供一次参数。

❷ 单体电压采集。

❸ 温度采集。

（2）动力电池充放电管理

❶ 动力电池充电过程中与非车载充电机之间连接和通信。

❷ 对充电电流、电池电压等参数进行监控，防止动力电池出现过充现象。

❸ 对电池放电电流进行监控，防止过电流对电池造成损坏。

❹ 对电池放电深度进行控制，防止电池过放电影响电池使用寿命。

（3）动力电池的均衡控制与管理

❶ 能量耗散型。将多余的能量全部以热量的方式消耗：恒定分流电阻；开关控制分流电阻。

❷ 能量非耗散型。将多余能量转移或者转换到其他电池中：能量转换式均衡（单体向整体，整体向单体）；能量转移式均衡。

（4）动力电池电量管理

❶ 意义：保护动力电池，把SOC控制在一定范围内，提高整车性能，充分利用动力电池；降低对动力电池的要求，充分利用动力电池提高经济性，选择较低容量的动力电池。

❷ 影响因素：充放电管理，温度，电池容量衰减，自放电，一致性。

❸ 估算方法：开路电压法——UPS和储能电池；容量积分法——简单易行，但缺点是精度不高和误差累积；模糊逻辑推理与神经网络法——精度较高，但需大量数据；卡尔曼滤波法——适用广泛，精度较高，但工程复杂。

（5）动力电池的热管理

❶ 意义：过高或过低的温度都将直接影响动力电池的使用寿命和性能，

并可能导致电池系统的安全问题；电池箱内温度场的长久不均匀分布将造成各电池模块、单体间性能的不均衡。

❷ 功能：电池温度的准确测量和监控；电池组温度过高时的有效散热和通风；低温条件下的快速加热；有害气体产生时的有效通风；保证电池组温度场的均匀分布。

 # 为什么电动汽车电池不能精确显示剩余电量？

电动汽车电池电量的测量难点，主要有以下三点。

❶ 动力电池材料多样。电动汽车动力电池的材料多种多样，包括磷酸铁锂电池、钴酸锂电池和镍锰钴电池等，它们对电池电量测量提出了不同要求。以磷酸铁锂电池为例，放电曲线平缓，电芯电压测量精度至关重要。为了防止过度充、放电，电池单元应保持在满容量的 20% ～ 90%。在 85kW·h 的电池中，可用于正常行驶的容量仅为 60.9kW·h。如果测量误差为 5%，为了继续安全地进行电池运行，必须将电池容量保持在 25% ～ 85%，那么总可用容量已经从 70% 减少到了 60%。

❷ 使用环境比较恶劣。电动汽车的使用环境比较恶劣，夏季可能要经历零上四五十摄氏度的高温，冬季可能要经历零下四五十摄氏度的低温。同时，潮湿、机械应力和使用寿命等都对动力电池提出了苛刻的环境耐受度要求。

❸ 蓄电池组结构复杂。电动汽车动力电池是由最基础的电芯（Cell）组成电池模块（Module），再由模块（Module）组成电池组（Pack）。为了容纳高功率汽车系统所需的大量电池，通常将多节电池分成几个模块，并分置于车辆的整个可用空间内。动力电池由多个电芯组成，因此最弱的电芯就限制了整体电池组的性能。根据水桶效应，整体的电量受制于最弱电芯的电量，过度充、放电都会损坏相应电芯，如图 2-18 所示。

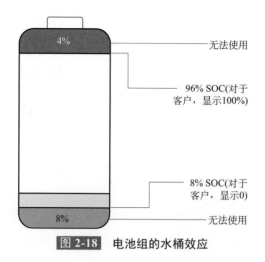

图 2-18 电池组的水桶效应

　　在动力电池可用电量和浪费电量的关系上，电池测量技术的提升，通过拓展电量可用范围和电芯均衡破除水桶效应，来助力电动汽车电池电量的精准测量。这就好比一杯啤酒，只有最大限度地减少杯中的啤酒沫，才能容纳更多的可以饮用的啤酒。未来的电动汽车电池技术，一定会更精准、更智能，从而消除驾驶人的里程焦虑，安全且放心地驾驶。

 动力电池都有哪些形状？

　　新能源汽车的动力电池，封装种类有圆柱形、方形和软包形。这三种电池不仅形状不同，而且在技术开发和应用角度上也有所不同。

　　三种电池虽然形状有别，但是电池本身的工作原理相同，制造方式主要针对的是不同的工况标准、设备应用以及多样性。举个例子，就像糖包子被做成了圆形、方形和三角形，但蒸包子的原理都是一样的。因此，三种不同形状的电池设计，都会遵守电池本身的技术原理，最终通过圆柱卷绕、方形卷绕和方形叠加的工艺变成了圆柱形、方形和软包形。

（1）圆柱形电池

　　1992 年，日本索尼公司发明了 18650 锂电池，成为目前最常见的圆柱形电池设计，例如 5 号、7 号碱性电池。现在，圆柱形电池在制造标准上拥有一致性，例如 14650、18650 和 21700 等型号。以 18650 型为例，这是目前最成熟的圆柱形电池标准，而 21700 型正在通过不断的技术进步，有可能逐步取代 18650 型成为新能源汽车的首选圆柱形电池产品，如图 2-19 所示。

图 2-19　圆柱形电池

（2）方形电池

在圆柱形电池之后，以三星 SDI 为首的方形电池进入市场。方形电池（图 2-20）的可塑性更强一些，可以根据搭载产品的具体需求进行定制化的设计，因此变成了大小不一的形式。目前，无论是制造工艺还是应用标准，方形电池并没有圆柱形电池那样清晰的标准划分。但是，由于方形电池的灵活性高，早期的新能源汽车曾经长时间应用，车企可以根据车型需求对方形电池尺寸进行定制化设计，而不用受到圆柱形电池标准的限制。方形电池，也曾被认为是最适合新能源汽车应用的电池设计。现在，在很多车型上都采用了方形电池，比如宝马的 i 系列车型、荣威 ERX5 和蔚来的 ES8。

（3）软包形电池

以华为为首的软包形电池（图 2-21）设计进入市场后，因为采用了叠加的制造方式，所以追求的是更加纤薄的体积，在同容量密度下重量也是最轻的。同样，软包形电池也可以根据应用需求进行定制。在汽车应用上，因为软包形电池体积的可控性同样被汽车生产厂家所看重，尤其针对插电式混合动力电动汽车，在兼顾整车布局和重量时，软包形电池的体积优势更加明显。目前，凯迪拉克CT6插电车型、XT5混动版车型和日产的轩逸纯电动汽车都采用软包形电池。

图 2-20　方形电池

图 2-21　软包形电池

28 三种形状的动力电池有什么区别？

三种电池设计在外形不同的基础上，也拥有了各自的特性，三者能够通过外壳用料和内部设计对单体电池的能量密度、重量和安全性造成影响。我们再拿糖包子来举例，糖馅代表了单体电池的能量密度，面粉则代表了外壳包装材料选择。

❶ 圆柱形电池：主要包装材料一直是不锈钢。由于钢壳最硬、最重，它需要兼顾到的安全工艺难度也相对低一些。采用钢壳的圆柱形电池，在安装到车身上时控制配重的方案就比较单一。例如，目前主流采用圆柱形电池组的新能源汽车，电池组的布局都在车身的正下方，这样才能保证即便重一些也不会影响整车的前后配重，但对车辆的离地间隙和车厢内的地台高度都会有影响。而有一些插电式混合动力电动汽车，会把圆柱形电池组放在后备厢下方，通过与车头发动机的重量进行配比来均衡整车的配重，这导致后备厢的空间变得很小。此外，圆柱形电池虽然重且能量密度低，但在封包时圆柱与圆柱之间形成了良好的散热空间。因此，依靠工艺难度和成本更低的圆柱形电池是现阶段的最佳选择。

❷ 方形电池：主要包装材料曾经一直是不锈钢外壳，因工艺标准要求的不同，更轻的铝制外壳在方形电池上快速推广，也在重量上形成优势。方形电池封装成组时，如果不留缝隙地紧密排列在一起，不但不易散热，而且单体与单体之间的安全性也很难保障。

❸ 软包形电池：由于追求更加纤薄的工艺，采用了比铝外壳重量更轻的铝塑膜包装。铝塑膜外壳最软、最轻，在单体制造和封装成组时，需要兼顾到的散热，碰撞安全也要求较高。软包形电池在封装上会更加复杂，既要安全，又要保证散热，还要保持软包本身纤薄体积的优势，可想而知在封装成组环节上会很复杂。

圆柱形和方形电池组，基本最终都以四边形的方式安装在车身正下方，但软包形电池组更加灵活，可以组成小型电池包放在后备厢下方，或者做成T形布局。三种形状电池的区别见表2-1。

表2-1　三种形状电池的区别

项目	电芯封装形式		
	圆柱形电芯	方形电芯	软包形电芯
基本原理	正负极片、隔膜圆柱卷绕	正负极片、隔膜方形卷绕	正负极片、隔膜方形层叠

项目	电芯封装形式		
	圆柱形电芯	方形电芯	软包形电芯
封装图示			
主要优点	（1）尺寸小，成组灵活 （2）成本低 （3）工艺成熟 （4）一致性好	（1）散热好 （2）可靠性高 （3）安全性好	（1）重量轻 （2）尺寸变化灵活
主要缺点	（1）散热差 （2）质量重	（1）尺寸比较固定 （2）成本高	（1）工艺不成熟 （2）成本高

第 3 章
新能源汽车驱动电机知识

驱动电机系统是电动汽车三大核心系统之一，是车辆行驶的主要驱动系统，其特性决定了车辆的主要性能指标，直接影响车辆动力性、经济性和舒适性。

 新能源汽车为什么需要驱动电机？

驱动电机，是指应用在电动汽车上的用于驱动车轮运动的电机。

（1）作用

驱动电机是电动汽车行驶的主要执行机构，是电能与机械能之间的转化部件，并将自身的运行状态信息发送给驱动电机控制器。它的特性，决定了车辆的主要性能指标，直接影响车辆的动力性、经济性和舒适性。

（2）特点

电动汽车的驱动电机，通常要求能够频繁地启动、停车、加速、减速，低速或爬坡时要求高转矩、低转速，而高速行驶时则要求低转矩、恒功率，并要求变速范围大，因此驱动电机要具有良好的转矩 - 转速特性，如图 3-1所示。

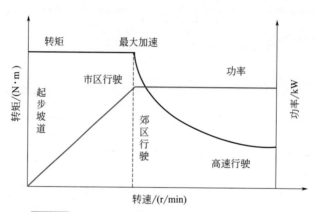

图 3-1 电动汽车对驱动电机转速与转矩的要求

 驱动电机系统是什么样的？

驱动电机系统，主要由整车控制器、驱动电机、电机控制器、机械传动装置和冷却系统等构成，如图 3-2 所示。

❶ 整车控制器（VCU）：这相当于电动汽车的"大脑"，控制电动汽车的所有部件。它的主要功能，就是为了识别驾驶人意图、判断控制模式、判别和处理整车故障、管理外围相连驱动模块、控制电动汽车辅助系统等。

❷ 驱动电机：承担着驱动汽车和发电的双重功能，即在正常行驶时发挥其主要的电动机功能，把电能转化为机械旋转能；而在减速和下坡滑行时驱动电机转变为发电机，把车轮的惯性动能转换为电能。

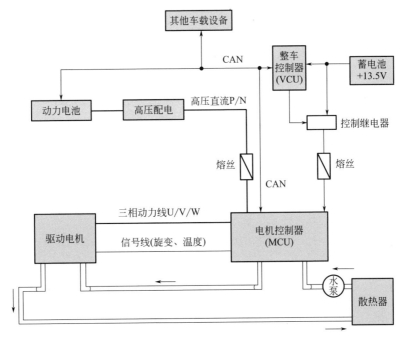

图 3-2 电动汽车驱动系统结构

❸ 电机控制器（MCU）：功能是接收整车控制器的指令，把动力电池的高压直流电压逆变成电压、频率、相序可调的三相交流电，实现对驱动电机的转速、转矩和旋转方向的控制。当汽车倒车时，通过电机控制器改变三相交流电压的相序，使电动机反转来驱动车轮反向行驶。

❹ 机械传动装置：主要功能是把驱动电机的转速降低、转矩升高，以实现整车对驱动电机的转矩、转速需求。

❺ 冷却系统：对驱动电机和电机控制器进行冷却，以确保它们在适宜的温度范围内工作。

 驱动电机系统的布置形式有哪些？

按照电动汽车上驱动电机的数目不同，电动汽车驱动电机系统的布置形式可以分为单电机驱动系统和多电机驱动系统。

（1）单电机驱动系统

❶ 机械驱动布置方式：在保持内燃机汽车传动系统基本结构不变的基础上，用驱动电机替换传统汽车的内燃机，其驱动系统的整体结构与传统内燃机汽车的区别很小，主要由驱动电机、离合器、变速箱、传动轴和驱动桥等部件构成。其结构复杂，效率较低，不能有效发挥驱动电机的特点，不利于降低车身重量。这种驱动模式在纯电动汽车上很少应用，大多应用在混合动力汽车上，这是因为混合动力汽车本身带有发动机，仍然需要通过变速器对发动机的输出转矩进行调整，如图3-3所示。

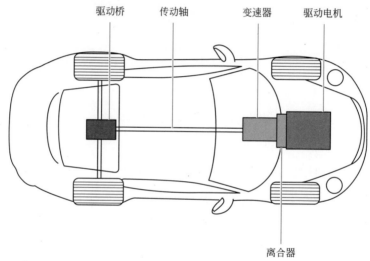

图 3-3 机械驱动布置方式

❷ 电机-驱动桥组合式：在纯电动汽车上有着较为广泛的应用，它的总体构成是在驱动电机端盖的输出轴处加装主减速器和差速器等，驱动电机、固定速比减速器、差速器组合成一个驱动整体，通过固定速比的减速作用来放大驱动电机的输出转矩。优点：由于省了离合器和变速器，机械传动机构紧凑，传动效率得到提高，同时使整车机械系统的重量和体积得到缩小，有利于整车布置，便于安装，能够有效地扩大汽车动力电池的布置空间和汽车的乘坐空间。但是，这种布置形式对驱动电机的调速要求比较高，与机械驱动布置方式相比，这种结构要求驱动电机能够在较窄速度范围内提供较大转矩，如图3-4所示。

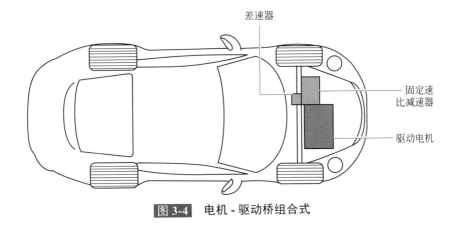

图 3-4 电机 - 驱动桥组合式

（2）多电机驱动系统

❶ 电机 - 驱动桥整体式：与电机 - 驱动桥组合式相比，整体式驱动系统更进一步减少了动力传动系统的机械传动元件数量，使整个动力传动系统的传动效率进一步提高，同时可以节省很多的空间，形成了电动汽车所独有的驱动系统布置形式。优点：整体布局简单，结构紧凑、传动效率高、重量轻、体积小，具有良好的通用性和互换性，容易实现多种功能，如驱动防滑、制动力分配、防侧滑等，如图 3-5 所示。

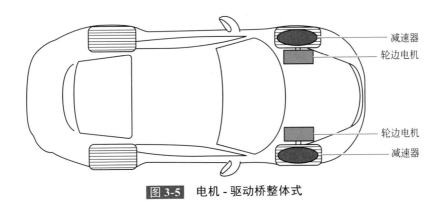

图 3-5 电机 - 驱动桥整体式

❷ 轮毂电机分散驱动方式：就是把驱动电机安装在电动汽车的车轮轮毂中，电动机输出转矩直接带动驱动轮旋转，从而实现汽车的驱动，如图 3-6 所示。

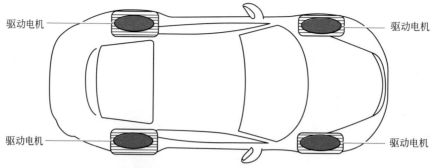

驱动电机　　　　　　　　　　　　　　　　驱动电机

驱动电机　　　　　　　　　　　　　　　　驱动电机

图 3-6 轮毂电机分散驱动方式

4 新能源电动汽车常用的驱动电机有哪些？

新能源电动汽车常用的驱动电机，主要有直流电机、交流异步电机、永磁同步电机、开关磁阻电机等，其参数性能如表 3-1 所示。

表 3-1　四种典型电机的性能比较

性能	直流电机	交流异步电机	永磁同步电机	开关磁阻电机
转速范围 /(r/min)	4000 ～ 6000	12000 ～ 20000	4000 ～ 10000	>15000
功率密度	低	中	高	较高
功率因数 /%	—	82 ～ 85	90 ～ 93	60 ～ 65
过载能力 /%	200	300 ～ 500	300	300 ～ 500
峰值效率 /%	85 ～ 89	94 ～ 95	95 ～ 97	90
负荷功率 /%	80 ～ 87	90 ～ 92	85 ～ 97	78 ～ 86
恒功率区	—	1：5	1：2.25	1：3
体积	大	中	小	小
重量	重	中	轻	轻
可靠性	差	好	一般	好
结构坚固性	差	好	好	好

性能	直流电机	交流异步电机	永磁同步电机	开关磁阻电机
功率范围	小	宽	小	很宽
过载能力	较好	好	较好	好
转矩电流比	高	一般	高	高
控制器成本	低	高	高	一般
效率	高	较高	高	中

 驱动电机型号的组成部分有哪些？

驱动电机型号，由驱动电机类型代号、尺寸规格代号、信息反馈元件代号、冷却方式代号和预留代号这五部分组成，如图 3-7 所示。

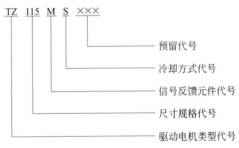

图 3-7　驱动电机型号

❶ 驱动电机类型代号：开关磁阻电机（KC）；方波控制型永磁同步电机（TF）；正弦控制型永磁同步电机（TZ）；绕线式异步电机（YR）；鼠笼式异步电机（YS）；直流电机（ZL）。其他类型驱动电机的类型代号，由制造商参照《旋转电机产品型号编制方法》（GB/T 4831—2016）进行规定。

❷ 尺寸规格代号：一般采用定子铁芯的外径来表示；对于外转子电机，采用外转子铁芯外径来表示。

❸ 信号反馈元件代号：广电编码器（M）；旋转变压器（X）；霍尔元件（H）。无传感器，不必标注。

④冷却方式代号：水冷方式（S）；油冷方式（Y）；强迫风冷方式（F）。非强迫冷却方式（自然冷却），不必标注。

⑤预留代号：用英文大写字母或阿拉伯数字组合，其含义由制造商自行确定。

 # 什么是直流电机？

直流电机，是指能够将直流电能转换成机械能（直流电动机）或将机械能转换成直流电能（直流发电机）的旋转电机。它是能够实现直流电能和机械能互相转换的电机。当它作为电动机运行时是直流电动机，将电能转换为机械能；作为发电机运行时是直流发电机，将机械能转换为电能。直流电机外观如图 3-8 所示。

图 3-8　直流电机外观

（1）类型

直流电机根据励磁方式的不同，可分为他励式、串励式、复励式和并励式4 种类型。电动汽车使用的直流电机，主要是他励式、串励式和复励式。

❶他励式直流电机：励磁绕组与电枢绕组没有连接关系，而是由其他直流电源对励磁绕组供电，因此励磁电流不受电枢端电压或电枢电流的影响。

❷串励式直流电机：励磁绕组与电枢绕组串联后，再接于直流电源，这种直流电机的励磁电流就是电枢电流。串联式直流电机通常用较粗的导线绕成，这是为了使励磁绕组中不引起大的损耗和电压降，励磁绕组的电阻越小越好。

❸ 复励式直流电机：有并励和串励两个励磁绕组，电机的磁通由两个绕组内的励磁电流产生。

❹ 并励式直流电机：励磁绕组与电枢绕组并联，共用同一电源，性能与他励式直流电机基本相同。并励绕组两端电压就是电枢两端电压，但是励磁绕组用细导线绕成，匝数很多，因此具有较大的电阻，使得通过它的励磁电流较小。

（2）结构

直流电机主要由定子和转子两部分组成，利用通电导体在磁场中受力的电磁原理制成，如图3-9所示。

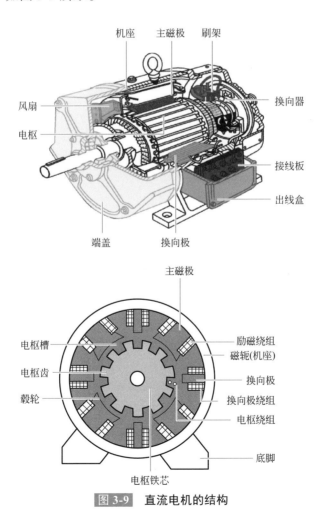

图 3-9 直流电机的结构

❶ 定子：主要作用是产生磁场。

❷ 转子：作用是产生电磁转矩和感应电动势。

在电动汽车发展早期，很多电动汽车采用这种直流电机的方案。这种电机具有产品成熟、控制方式简单、调速优良等特点。但是，由于其自身复杂的机械结构，制约了瞬时过载能力和转速的进一步提高；机械结构会产生损耗，提高了维护成本；运转时的电刷火花会使转子发热，浪费能量，散热困难，还会造成高频电磁干扰。这些因素，都会影响具体的整车性能，所以现在这种电机已经被电动汽车所淘汰。

7 直流电机是怎样工作的？

如图 3-10 所示，定子有一对 N、S 极，电枢绕组的末端分别接到两个换向片上，正、负电刷 A 和 B 分别与两个换向片接触。

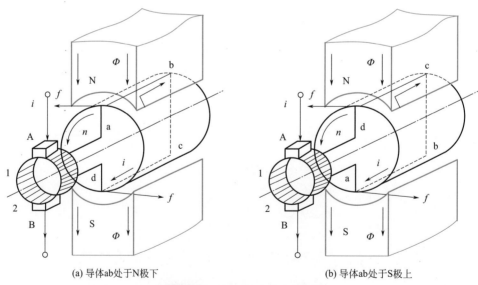

(a) 导体ab处于N极下   (b) 导体ab处于S极上

图 3-10　直流电机的工作原理

如果给两个电刷加上直流电源，如图 3-10（a）所示，就有直流电流从电刷 A 流入，经过线圈 abcd 后，从电刷 B 流出。根据电磁力定律，载流导体 ab

和 cd 受到电磁力的作用，它的方向可用左手定则来判定，两段导体受到的力形成了一个转矩，使得转子逆时针转动。如果转子转到如图 3-10（b）所示的位置，电刷 A 和换向片 1 接触，电刷 B 和换向片 2 接触，直流电流从电刷 A 流入，经过线圈 dcba 后，从电刷 B 流出。这时，载流导体 ab 和 cd 受到电磁力的作用方向同样可用左手定则来判定，它们产生的转矩仍然使得转子逆时针转动。

控制方法如下。

❶ 电枢调压控制：通过改变电枢的端电压来控制电机转速。

❷ 磁场控制：通过调节直流电机的励磁电流改变每个极磁通量，从而调节电机转速。

❸ 电枢回路电阻控制：当电机的励磁电流不变时，通过改变电枢回路电阻来调节电机转速。

什么是异步电机？

异步电机，也叫感应电机，是由气隙旋转磁场与转子绕组感应电流相互作用产生电磁转矩，从而实现电能转换为机械能的一种交流电机。

（1）分类

❶ 按照转子结构来分：可分为笼型异步电机和绕线型异步电机。

❷ 按照定子绕组相数来分：可分为单相异步电机、两相异步电机和三相异步电机。电动汽车上使用的，主要是三相笼型异步电机。

（2）结构

异步电机，主要由定子和转子两部分构成，固定不变的部分称为定子，转动的部分称为转子。为了保证转子能够在定子腔内自由转动，中小型异步电机的定子与转子之间留有 0.2 ~ 2mm 的气隙。功率越大，转速越快，气隙长度越大。此外，异步电机还有端盖、轴承、机座和风扇等附属部件，如图 3-11 所示。

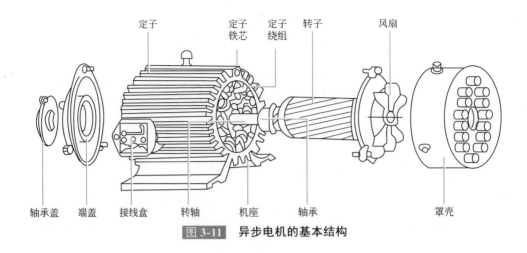

图 3-11　异步电机的基本结构

（3）控制方法

❶ 转差控制：根据异步电机电磁转矩和转差频率的关系来直接控制电机转矩。

❷ 矢量控制：采用矢量分析的方法来分析异步电机内部的电磁过程，这是建立在异步电机的动态数学模型基础上的控制方法。

❸ 直接转矩控制：将电机输出转矩作为直接控制对象，通过控制定子磁场向量进而控制电机转速。

9 异步电机是怎样工作的？

把三相交流电通入异步电机的三相定子绕组后，就会产生一个旋转磁场，该旋转磁场切割转子绕组，从而在转子绕组中产生感应电动势，电动势的方向可用右手定则来确定。因为转子绕组是闭合通路，转子中就产生电流，电流方向与电动势的方向相同，而载流的转子导体在定子旋转磁场作用下将产生电磁力，电磁力的方向可用左手定则来确定；电磁力进而产生电磁转矩，驱动电机旋转，电机旋转方向与旋转磁场的方向一致，如图3-12所示。

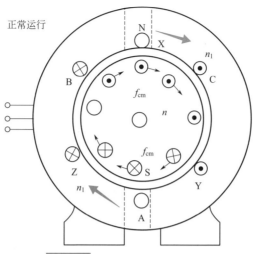

图 3-12 异步电机的工作原理

n—转子转速；n_1—同步转速；f_{cm}—电源频率

 什么是永磁同步电机？

永磁同步电机，是指转子采用永磁材料励磁的同步电机。其外观如图 3-13 所示，结构示意如图 3-14 所示。

图 3-13 永磁同步电机的

（1）结构

❶ 定子：由电枢铁芯和电枢绕组构成。

② 转子：由永磁体、转子铁芯和转轴等构成。

图 3-14　永磁同步电机的结构示意

（2）控制方法

① 矢量控制：这种控制在永磁同步电机上更容易实现，这是因为永磁同步电机转速和电源频率严格同步，转子转速等于旋转磁场转速，转差恒等于零，没有转差功率，控制效果受转子参数影响小。

② 直接转矩控制：这种控制不需要矢量控制复杂的旋转坐标变换和转子磁链定向，转矩取代电流成为受控对象，电压矢量则是控制系统唯一的输入，直接控制转矩和磁链的增加或减小。

③ 智能控制：为了提高永磁同步电机的控制性能和控制精度，模糊控制和神经网络控制等开始应用于同步电机的控制。

11 永磁同步电机是怎样工作的？

如图 3-15 和图 3-16 所示，图中 n 为电机转速，n_0 为同步转速，θ 为功率角。电机的转子是永磁体，N、S 极沿着圆周方向交替排列，定子是一个以转速 n_0 旋转的磁场。电机运行时，定子存在旋转磁动势，转子像磁针在旋转磁场中旋转一样，随着定子的旋转磁场同步旋转。

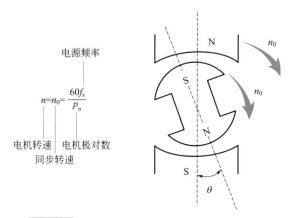

$$n=n_0=\frac{60f_s}{p_n}$$

电源频率

电机转速 ｜ 电机极对数
同步转速

图 3-15 永磁同步电机转速公式和电机状态

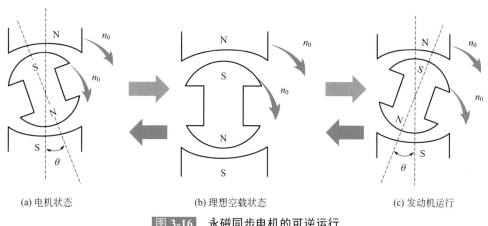

(a) 电机状态　　　　　　　(b) 理想空载状态　　　　　　　(c) 发动机运行

图 3-16 永磁同步电机的可逆运行

永磁同步电机的定子是三相对称绕组，三相正弦波电压在定子三相绕组中产生对称的三相正弦波电流，并在气隙中产生旋转磁场。旋转磁场与已充磁的磁极作用，带动转子与旋转磁场同步旋转并力图使定子和转子磁场轴线对齐。当外加负载转矩以后，转子磁场轴线将落后定子磁场轴线一个功率角，负载越大，功率角也越大，直到一个极限角度，电机停止。由此可见，同步电机在运行中，转速必须与频率严格成比例，否则就会失步停转。因此，它的转速与旋转磁场同步，静态误差为零。在负载扰动下，只是变化功率角，而不引起转速变化，它的响应时间是实时的。

什么是开关磁阻电机？

开关磁阻电机，是采用定、转子凸极且极数相接近的大步距磁阻式步进电机的结构，利用转子位置传感器通过电子功率开关控制各相绕组导通使之运行的电机，其外观如图 3-17 所示。

图 3-17 开关磁阻电机的外观

开关磁阻电机（SRM）是一种新型电机，结构很简单，主要由定子绕组、转子凸极等组成，如图 3-18 所示。

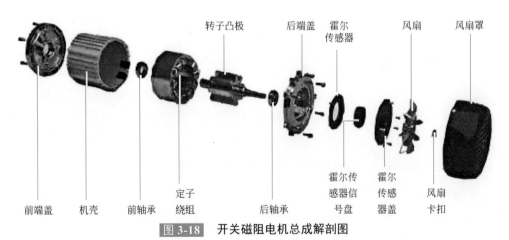

转子凸极　　后端盖　霍尔传感器　　风扇　　风扇罩

前端盖　机壳　前轴承　定子绕组　后轴承　霍尔传感器信号盘　霍尔传感器盖　风扇卡扣

图 3-18 开关磁阻电机总成解剖图

开关磁阻电机的结构很简单，定、转子都是由普通硅钢片叠压而成的双凸极结构，转子上没有绕组，定子装有简单的集中绕组，具有结构简单、坚固、可靠性高、重量轻、成本低、效率高、温升低、易于维修等许多优点；而且它具有直流调速系统的可控性好的优良特性，同时适用于恶劣环境，非常适合作为电动汽车的驱动电机使用。

13 开关磁阻电机是怎样工作的？

因为这种电机运用了磁阻最小原理，所以称为磁阻电机，又因为线圈电流通断、磁通状态直接受开关控制，所以也被称为开关磁阻电机。

因为开关磁阻电机的运行遵循磁阻最小原理，即磁通总要沿着磁阻最小的路径闭合，所以具有一定形状的铁芯在移动到最小磁阻位置时，必须使自己的主轴线与磁场的轴线重合。

由图 3-19 可见，当定子极励磁时，所产生的磁力就力图使转子旋转到转子极轴线 1-1′ 与定子极轴线 D-D′ 重合的位置，并使 D 相励磁绕组的电感最大。如果以图 3-19 中定子、转子所处的相对位置作为起始位置，依次给 D-A-B-C 相绕组通电，转子就会逆着励磁顺序以逆时针的方向连续旋转；反之，如果依

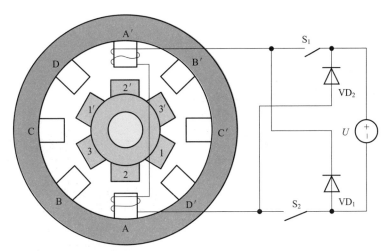

图 3-19 开关磁阻电机的工作原理示意

1～3，1′～3′—转子磁极；A～D，A′～D′—定子磁极；S_1，S_2—电子开关；
VD_1，VD_2—二极管；U—直流电源电压

次给 B-A-D-C 相通电，电机就会沿着顺时针的方向转动。因此，开关磁阻电机的转向与相绕组的电流方向没有关系，而是取决于相绕组的通电顺序。

 什么是轮毂电机？

轮毂电机，是一种将电机、传动系统和制动系统融为一体的轮毂装置。从各种驱动技术的特点和发展趋势来看，电动汽车的最终驱动形式就是采用轮毂电机技术。

轮毂电机的工作原理与永磁同步电机相同，如图 3-20 所示。其结构一般分为内定子外转子结构和内转子外定子结构两种。

❶ 内定子外转子轮毂电机：直接安装在车轮的轮缘上，可完全去掉变速装置，车轮转速与驱动电机转速相等，通常采用低速大转矩电机。

❷ 内转子外定子轮毂电机：其转子作为输出轴与固定减速比的行星齿轮太阳轮相连，轮毂通常与齿圈连接，能提供较大的减速比，来放大输出转矩。

图 3-20 轮毂电机驱动系统

轮毂电机有哪几种驱动方式？

轮毂电机的驱动方式，可分为减速驱动和直接驱动两种基本形式，如图 3-21 所示。

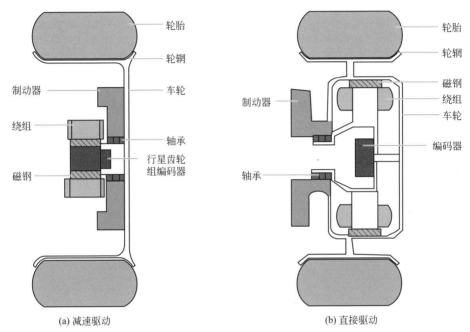

(a) 减速驱动　　　　　　　　　　　　　(b) 直接驱动

图 3-21　轮毂电机的驱动方式

❶ 减速驱动：采用高速内转子电机，适合现代高性能电动汽车的运行要求。采用高速内转子电机的目的是获得较高的功率。减速机构布置在电机和车轮之间，起减速和增矩的作用，保证电动汽车在低速时能够获得足够大的转矩。

❷ 直接驱动：采用低速外转子电机，轮毂电机与车轮组成一个完整部件总成，电机布置在车轮内部，直接驱动车轮带动汽车行驶。这种设计，适用于平路或负载小的场合。主要优点：电机体积小，重量轻，成本低，系统传动效率高，结构紧凑，既有利于整车结构布置和车身设计，又便于改型设计。

两种驱动方式的优缺点如表 3-2 所示。

表 3-2   减速驱动和直接驱动的优缺点

项目	减速驱动型轮毂电机	直接驱动型轮毂电机
电机类型	高速内转子电机	低速外转子电机
电机最高转速	10000r/min 左右	1500r/min 左右
优点	（1）具有较高的比功率和效率 （2）体积小，重量轻 （3）输出转矩大，爬坡性能好等	（1）结构简单，比功率高 （2）非簧载质量相对较小，行驶的稳定性和平顺性相对较好 （3）简化了驱动系统结构，提高了传动效率等
缺点	（1）轮毂电机电动轮是电机、减振与制动等机构的集成，因此会引起非簧载质量的增加 （2）电机的运转速度较快，噪声大，散热困难，润滑难以实现 （3）行星齿轮机构的机械磨损降低了传动效率等	（1）起步、爬坡等需要较大的转矩，因此会增加电机的成本 （2）电动轮内空间有限，噪声大，散热困难，润滑难以实现等

 16 驱动电机控制器（MCU）有哪些功能？

驱动电机管理模块（控制器），通常简称 MCU，主要用于管理和控制驱动电机的运转速度、方向以及将驱动电机作为逆变电机发电。MCU 的功能，类似于传统汽车的发动机控制模块。吉利 EV450 电机控制器在整车上的位置如图 3-22 所示。

❶ 电机状态检测：工作过程中，使用电流传感器、电压传感器、温度传感器和旋变传感器来完成对驱动电机运行状态的信息采集。

❷ 诊断功能：通过采集电流、电压、温度、绝缘及其他参数，判断电机

和电机控制器是否工作在安全范围内。如果超出这个范围，将对电机和电机控制器采取保护措施，并产生故障码发送到整车控制器。

❸ 通信功能：电机控制器的通信功能，包括与整车控制器的通信、与其他器件的通信。在电机系统运行期间，电机控制器需将电机系统的运行状态实时发送给整车控制器。

图 3-22 吉利 EV450 电机控制器在整车上的位置

1—驱动电机；2—电机控制器

❹ 制动能量回馈：整车控制器根据加速踏板和制动踏板的开度、汽车行驶状态信息以及动力电池的状态信息来判断某一时刻能否进行制动能量回馈。在能量回馈过程中，电机控制器将发电机输出的三相交流电进行整流、滤波、升压，将能量回收到动力电池。

❺ 防溜车功能控制：防溜车功能可以保证整车在坡上起步时，向后溜车小于 10cm；在整车坡上运行过程中如果动力不足时，整车车速会逐渐降到 0 并保持住，不再向后溜车。

17 驱动电机控制器（MCU）是怎样工作的？

驱动电机控制系统，主要由高压配电箱、主控制器、电池管理器及相关的传感器组成，该系统核心为驱动电机控制器。驱动电机控制系统元件位置如图 3-23 所示。

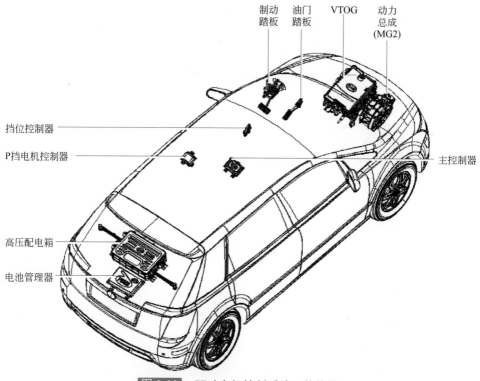

图 3-23 驱动电机控制系统元件位置

驱动电机控制器接收挡位开关、加速踏板深度、制动踏板深度、旋变等信号，经过一系列的逻辑处理和判断，来控制电机正、反转和转速等。

控制策略，采用了经典的电机控制理论并注入了先进的控制算法，驱动永磁同步电机以最佳方式协调工作，核心 ECU——驱动电机控制器上层软件所依赖的下层硬件电路包括控制电路板和驱动电路板。它们的分工有所不同：控制电路板分为模拟通道采样单元、模数转换单元、DSP 处理单元、旋变解码单元、CAN 通信单元和挡位处理单元；驱动电路板包括信号隔离单元、保护信号选择单元和电源单元。控制板对采样的数据进行处理，计算出所需占空比，产生 PWM（正弦脉宽调制），通过驱动板传递给 IGBT，供驱动电机工作。

 新能源汽车为什么需要驱动电机冷却系统？

为了保证电驱系统在运行过程中所产生的热能及时散发出去，需要对电机驱动系统中的驱动电机和电机控制器进行冷却，以确保它们工作在适宜的温度范围内。

驱动电机冷却系统的结构如下。

❶ 电动水泵：对冷却液加压，保证其在冷却系统中循环流动。

❷ 电驱系统散热器：空气从散热器芯外面通过，冷却液在散热器芯内部流动，冷空气将冷却液中的热量带走。

❸ 电动风扇：用来提高通过散热器芯的空气流速，增强散热器的散热能力，加速冷却液的冷却。

 驱动电机冷却系统的工作原理是什么？

驱动电机冷却系统，使用电动水泵提高冷却液的压力，强制冷却液在电动水泵、驱动电机、电机控制器和散热器之间循环流动。

电动水泵将储液罐中的冷却液泵入电机控制器，冷却液对电机控制器进行冷却后从出水口流入驱动电机外壳水套，吸收驱动电机的热量后冷却液随之升温，随后冷却液从驱动电机的出水口流出，经过冷却管路流入散热器，在散热器中冷却液通过流过散热器周围的空气散热而降温，最后冷却液经散热器出水软管返回电动水泵进行往复循环，如图 3-24 所示。

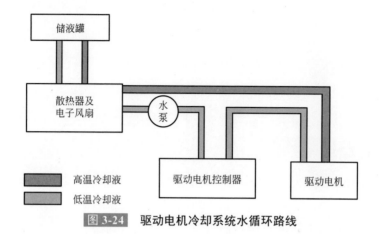

图 3-24 驱动电机冷却系统水循环路线

第4章
新能源纯电动
汽车知识

 纯电动汽车有多"纯"？

　　纯电动汽车采用可再生电能代替燃油，是一种绿色环保的交通运输工具。目前，国内新能源汽车主要以纯电动汽车为主。纯电动汽车底盘如图4-1所示。

　　纯电动汽车的定义：纯电动汽车（简称BEV），是指以车载电源（如铅酸电池、镍氢电池或锂离子电池）为动力，用电机驱动车轮行驶，符合道路交通、安全法规各项要求的车辆。纯电动汽车以电池等电气元件作为驱动源，其最重要的动力由驱动系统电缆传递，因此纯电动汽车的各部件可灵活布置，如图4-2所示。

图 4-1　纯电动汽车底盘

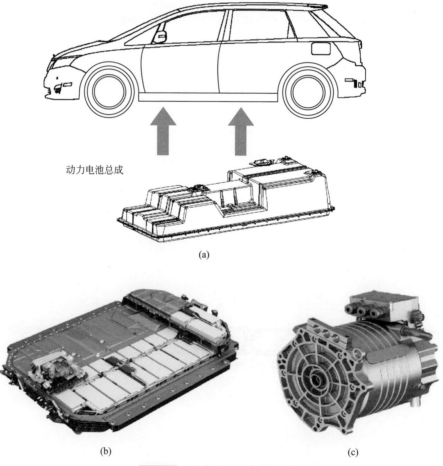

动力电池总成

(a)

(b)

(c)

图 4-2　纯电动汽车部件布置

纯电动汽车的基本结构是什么样的？

典型的纯电动汽车，主要由机械子系统、电驱动子系统、信息子系统和辅助子系统等组成。

（1）机械子系统

机械子系统由车身和底盘、驱动装置、变速器及电池箱体等组成。

特点：①纯电动汽车车身造型特别重视流线型，以降低空气阻力系数；②纯电动汽车一般采用轻质材料制造车身和底盘部分总成，这是因为动力蓄电池组的重量大，目的是为了减轻整车重量；③纯电动汽车的动力蓄电池组占据的空间大，在底盘布置上要有足够的空间存放动力蓄电池组，并且要求线路连接、充电、检查和装卸方便，能够实现动力蓄电池组的整体机械化装卸。

（2）电驱动子系统

电驱动子系统（图4-3）是纯电动汽车的核心，也是区别于传统汽车的最大不同点。电驱动子系统由动力电池系统、电机驱动系统和电控系统等组成，包含的部件有动力蓄电池组、驱动电机、电机控制器和传动装置等。

电驱动子系统

图 4-3 电驱动子系统

该系统的功用，是把存储在蓄电池中的电能高效地转化为车轮的动能，并能够在汽车减速、制动时，把车轮的动能转化为电能充入蓄电池。

当纯电动汽车制动时，再生制动的动能被电源吸收，这时功率流的方向要反向，如图 4-4 所示。

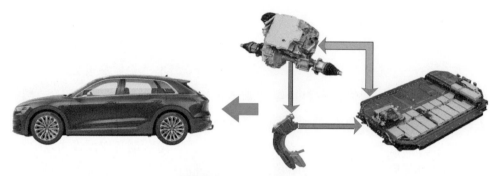

图 4-4　纯电动汽车制动

能量管理系统和电控系统一起控制再生制动及其能量的回收，和充电器一同控制充电并监测电源的使用情况，如图 4-5 所示。

图 4-5　能量回收

（3）信息子系统

信息子系统用于处理驾驶人的意愿，并监控汽车运行及电源、电机、控制器和充电器的状态。

主要作用：①将加速踏板、制动踏板机械位移的行程量转换为电信号，输入中央控制单元，通过动力控制单元控制驱动电机运转；②计算动力蓄电池组剩余电量和剩余续航里程；③对整车低压系统的电子、电气装置进行控制；

④采用各种各样的传感器、报警装置和自诊断装置等，对整个动力蓄电池组 - 功率转换器 - 驱动电机系统进行监控并及时反馈信息和报警。

根据从加速踏板和制动踏板输入的信号，电子控制器发出相应的控制指令来控制功率转换器的通断。

（4）辅助子系统

纯电动汽车的辅助子系统，主要包括辅助动力源、空调器、动力转向系统、制动系统、刮水器及照明和除霜装置等；辅助动力源主要由辅助电源和DC/DC 转换器组成，其功用是向动力转向系统、空调及其他辅助设备提供电力，如图 4-6 和图 4-7 所示。

辅助动力供给系统给动力转向、空调、制动及其他辅助装置提供动力。除了从加速踏板和制动踏板给电动汽车输入信号外，方向盘输入也是一个很重要的输入信号，动力转向系统根据方向盘的转角位置来决定汽车灵活转向。纯电动汽车电力驱动系统功能如图 4-8 所示。

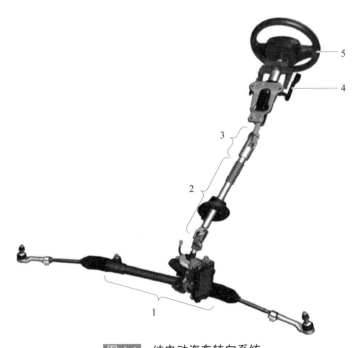

图 4-6 纯电动汽车转向系统

1—电子助力转向系统 EPS；2—下部转向轴；3—上部转向轴；
4—转向柱调节装置；5—方向盘

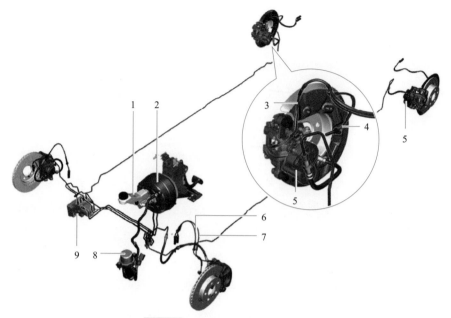

图 4-7   纯电动汽车制动系统

1—制动液补液罐；2—制动助力器；3—后桥制动摩擦片磨损传感器；4—后桥车轮转速传感器；
5—电动机械式驻车制动器执行机构；6—前桥制动摩擦片磨损传感器；7—前桥车轮转速
传感器；8—电动真空泵；9—动态稳定控制系统 DSC

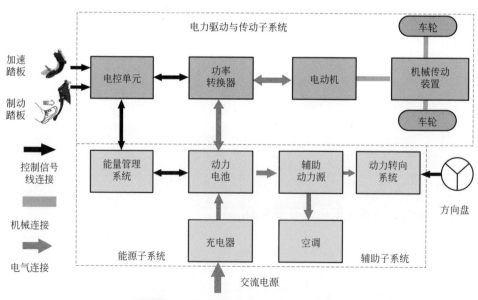

图 4-8   纯电动汽车电力驱动系统功能

纯电动汽车有哪些优缺点？

（1）优点

❶ 没有污染，非常环保。纯电动汽车采用动力电池组及电机驱动动力，它工作时不会像传统汽车那样产生废气，不会造成污染，非常环保。

❷ 噪声很低，几乎没有。纯电动汽车不会像传统汽车那样产生噪声，它的噪声几乎没有。

❸ 成本低廉，经济实惠。纯电动汽车使用成本低廉，只有汽油车的 1/5 左右，而且能量转换效率高，同时可回收制动、下坡时的能量。

❹ 结构简单，维修方便。纯电动汽车比传统汽车结构简单，运转、传动部件少，维修保养工作量小。纯电动汽车采用电动机及电池驱动，只需定期检查电动机和电池等组件即可。

❺ 政策优惠，国家支持。纯电动汽车摇号中签率高，免征购置税等政策上的优势较为明显。

❻ 驾驶操控，极其简单。纯电动汽车的有些部件，根据所选的驱动方式不同，已被简化或省去了，所以比传统汽车更容易驾驶。

（2）缺点

❶ 续航里程，不够理想。目前纯电动汽车的续航里程一般为 150～600km，再加上天气、路况和电池等方面因素，实际的续航能力大打折扣。选择了纯电动汽车，基本上也就告别了长途自驾游。

❷ 充电时间，有点过长。纯电动汽车的充电时间长，一般正常的充电时间为 8h 左右，快速充电也需要至少 1h。

❸ 配套设施，不够完善。现在，国内的充电站数量屈指可数。要想像传统汽车加油那样方便，还需要较长的时间来建设配套基础设施。

纯电动汽车与传统燃油汽车的区别是什么？

纯电动汽车除了在清洁减排方面胜过传统燃油汽车外，在其他方面也与传统燃油汽车有着很大不同，如表4-1所示。

表4-1 纯电动汽车与传统燃油汽车的区别

项目	纯电动汽车	传统燃油汽车
动力来源	电能	燃油
驱动装置	电动机	发动机
能量传递	柔性电缆电线	刚性联轴器、传递轴
传动装置	无需离合器：电动机直接驱动车轮	需要离合器：发动机要提升转速
	无需倒挡：通过电路控制实现变换	需要倒挡
制动装置	电磁制动装置：可以回收制动能量	无电磁制动装置

 ## 纯电动汽车是怎样工作的？

当纯电动汽车行驶时，储存在动力电池中的电能通过电机控制器输送给驱动电机，驱动电机高效地将电能转化为车轮的动能，整车控制器根据加速踏板和制动踏板的输入信号，向电机控制器发出相应的控制指令，对电机进行启动、加速、减速、制动控制，并能够将汽车车轮的动能转化成电能充入动力电池。汽车在正常行驶时，电机将电能转化成动能驱动车轮转动；在减速和下坡滑行时，又将车轮的动能转化成电能充入蓄电池。

纯电动汽车的工作原理：蓄电池→电流→电力调节器→电机→动力传动系统→驱动汽车行驶，如图4-9所示。

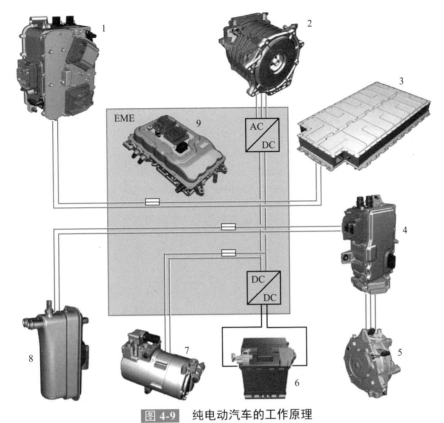

图 4-9　纯电动汽车的工作原理

1—便捷充电电子装置；2—电机；3—高电压蓄电池；4—增程电机电子装置 REME；5—增程电机；
6—12 V 蓄电池；7—电动制冷剂压缩机；8—电气加热装置；9—电机电子装置（整体）

6　纯电动汽车后轮驱动的布置形式是怎样的？

后轮驱动方式是传统的布置形式，有利于车轴负荷分配均匀，汽车的操纵稳定性和行驶平顺性较好，适合中高级纯电动轿车和各种类型的纯电动客货车。

❶ 传统后轮驱动的布置形式：它与传统燃油汽车后轮驱动系统的布置方式基本一致，用驱动电机代替发动机，去掉变速器和离合器，让驱动电机和传动轴直接相连，后驱动桥不变，一般适用于改造型纯电动汽车，如图 4-10 所示。

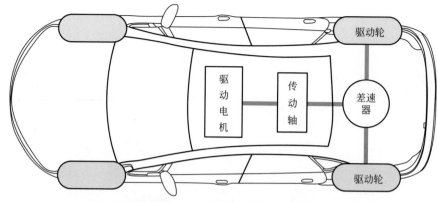

图 4-10 传统后轮驱动的布置形式

❷ 电机 - 驱动桥组合后轮驱动的布置形式：它取消了离合器、变速器和传动轴，但具有减速差速机构，把驱动电机、固定速比的减速器和差速器集成为一个整体，通过 2 个半轴来驱动车轮，如图 4-11 所示。这种布置形式，一般适用于低速纯电动汽车。

特点：整个传动长度比较短，传动装置体积小，占用空间小，容易布置，可以进一步降低整车重量。不过，对驱动电机的要求较高，不仅要求驱动电机具有较高的启动转矩，而且要求具有较大的后备功率，以保证纯电动汽车的启动、爬坡、加速超车等动力性。

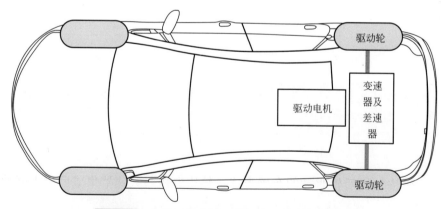

图 4-11 电机 - 驱动桥组合后轮驱动的布置形式

❸ 单电机整体后轮驱动的布置形式：它取消了机械式差速器，采用一个驱动电机，通过固定的减速器，驱动两个车轮，如图 4-12 所示。

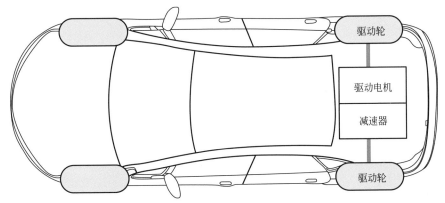

图 4-12　单电机整体后轮驱动的布置形式

❹ 双电机整体后轮驱动的布置形式：它取消了机械式差速器，两个驱动电机通过固定速比减速器分别驱动对应的车轮；每个驱动电机的转速可以独立进行调节控制，便于实现电子差速，不必选用机械差速器，如图 4-13 所示。电子差速器的优点是体积小，重量轻，可以在汽车转弯时实现精确的电子控制。

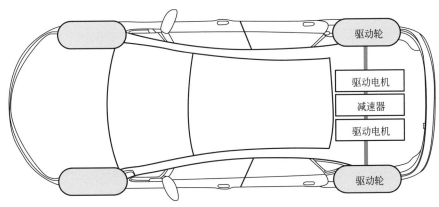

图 4-13　双电机整体后轮驱动的布置形式

❺ 轮边电机后轮驱动的布置形式：轮边电机与减速器集成后融入驱动桥上，采用刚性连接，减少高压电器数量和动力传输线路长度；优化后的驱动系统，可以降低车身高度、提高承载量、提升有效空间，如图 4-14 所示。轮边电机后轮驱动的布置形式，可用于纯电动客车。

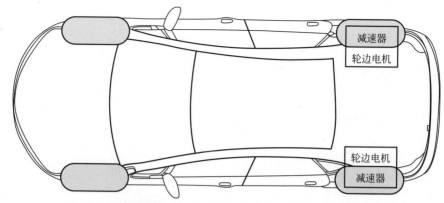

图 4-14　轮边电机后轮驱动的布置形式

⑥ 轮毂电机后轮驱动的布置形式：轮毂电机直接安装在车轮上，这时轮毂是电机的转子，羊角轴承座是定子，如图 4-15 所示。轮毂电机后轮驱动的纯电动汽车，减少了零部件数量和动力系统的体积，让汽车的动力系统变得更加简单，极大地提高了车内空间的实用性和利用率。

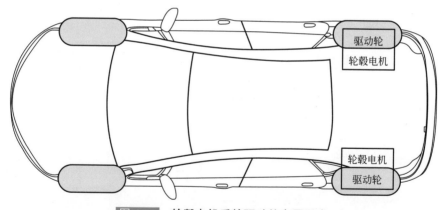

图 4-15　轮毂电机后轮驱动的布置形式

　纯电动汽车前轮驱动的布置形式是怎样的？

前轮驱动的纯电动汽车，结构紧凑，有利于安排其他总成，在转向和加速时行驶稳定性较好。不过，前轮驱动兼转向，结构复杂，上坡时前轮附着力减小，容易打滑。这种前轮驱动方式，适合中级及中级以下的纯电动轿车。

❶ 电机 - 驱动桥组合前轮驱动的布置形式：需要纯电动汽车专用驱动转向桥，如图 4-16 所示。

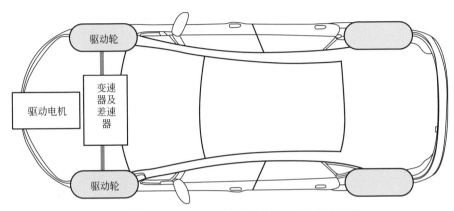

图 4-16 电机 - 驱动桥组合前轮驱动的布置形式

❷ 单电机整体前轮驱动的布置形式：这是目前国内电动轿车的主流布置形式，如图 4-17 所示。

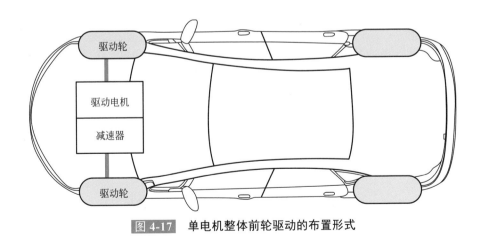

图 4-17 单电机整体前轮驱动的布置形式

❸ 双电机整体前轮驱动的布置形式如图 4-18 所示。

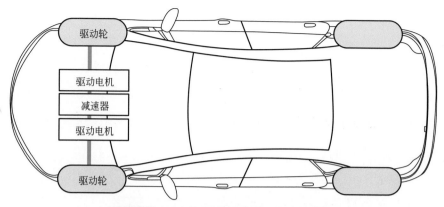

图 4-18　双电机整体前轮驱动的布置形式

④ 轮边电机前轮驱动的布置形式如图 4-19 所示。

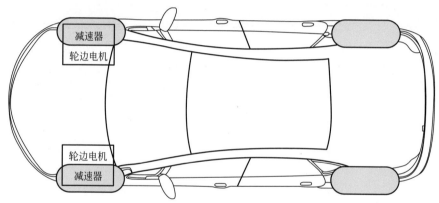

图 4-19　轮边电机前轮驱动的布置形式

⑤ 轮毂电机前轮驱动的布置形式如图 4-20 所示。

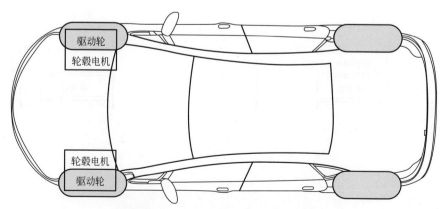

图 4-20　轮毂电机前轮驱动的布置形式

8 纯电动汽车四轮驱动的布置形式是怎样的?

四轮驱动的纯电动汽车,与四轮驱动的内燃机汽车相比,能够取消部分传动零件,提高空间的利用率和动力的传递效率。这种四轮驱动形式,适合要求动力性强的纯电动轿车或者城市 SUV。

❶ 前后单电机驱动的布置形式如图 4-21 所示。

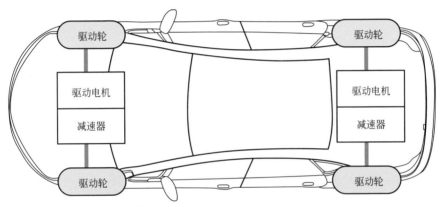

图 4-21　前后单电机驱动的布置形式

❷ 前后双电机驱动的布置形式如图 4-22 所示。

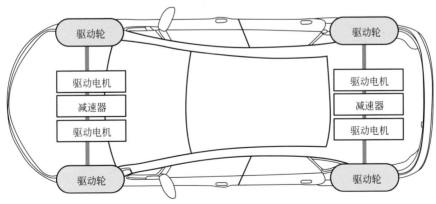

图 4-22　前后双电机驱动的布置形式

❸ 前后轮边电机驱动的布置形式如图 4-23 所示。

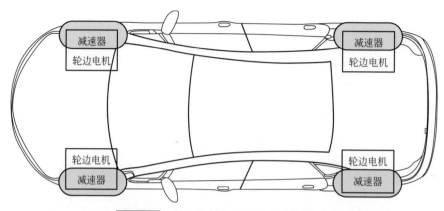

图 4-23　前后轮边电机驱动的布置形式

❹ 前后轮毂电机驱动的布置形式如图 4-24 所示。

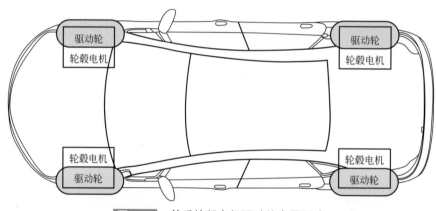

图 4-24　前后轮毂电机驱动的布置形式

纯电动汽车整车控制系统是什么样的?

（1）分类

纯电动汽车整车控制系统，主要分为集中式控制和分布式控制两种方案。

❶ 集中式控制系统：基本思路是整车控制器独自完成对输入信号的采集，并根据控制策略对数据进行分析和处理，然后直接对各执行机构发出控制指令，驱动纯电动汽车行驶。

优点：处理集中，响应迅速，成本较低。

缺点：电路复杂，不易散热。

❷ 分布式控制系统：基本思路是整车控制器采集驾驶人的动作信号，同时通过 CAN 总线与电机控制器、电池管理系统以及其他设备控制系统通信，电机控制器、电池管理系统以及其他设备控制系统分别将各自采集的整车信号通过 CAN 总线传递给整车控制器。整车控制器根据整车信息，并结合控制策略对数据进行分析和处理，电机控制器和电池管理系统收到控制指令后，根据电机和电池当前的状态信息，控制电机运转和电池放电，如图 4-25 所示。

优点：模块化和复杂度低。

缺点：成本较高。

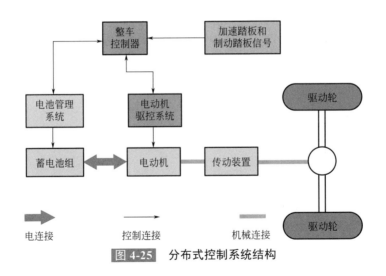

图 4-25　分布式控制系统结构

（2）组成

整车控制器采集加速踏板信号、制动踏板信号和其他部件信号，并做出相应判断后，控制下层的各部件控制器的动作，可实现整车驱动、制动和能量回收。

❶ 整车控制器：主要由主控芯片及其最小系统、信号调理电路组成。

❷ 主控芯片：这是整车控制器的核心，综合考虑纯电动汽车整车控制器的功能及其运行的外界环境，主控芯片应具有高速的数据处理能力、丰富的硬件接口、低成本和可靠性高等特点。

❸ 最小系统：由主控芯片周边的电源模块、复位模块、时钟模块化 BDM 接口组成。

❹ 信号调理电路：包括开关量信号处理电路、模拟量信号处理电路、频率量信号处理电路、通信接口。

10 什么是制动能量回收系统？

制动能量回收系统，也叫再生制动系统，是指汽车滑行、减速或下坡时，将车辆行驶过程中的动能及势能转化或部分转化为车载可充电储能系统的能量存储起来的系统，如图 4-26 所示。

（1）影响制动能量回收的因素

❶ 驱动电机：驱动电机制动能力越强，制动能量也就越多；电机发电功率越大，回收到电池中的制动能量也就越多，电机的发电效率同时影响着回收制动的效率。

❷ 储能装置：储能装置是提供电动汽车行驶的能量来源，同时也是储存制动回收能量的装置，使用较多且技术较成熟的储能装置是蓄电池。蓄电池的最大传输电源、SOC 值等对制动能量回收也有影响。

❸ 控制策略：控制策略决定了前后轮的制动力分配，制动过程中的不同制动强度、回收制动与机械制动的分配方式、分配比例等都对制动能量回收产生很大的影响。

❹ 使用环境：使用环境包括汽车行驶整体工况、路面状态、环境的温度和汽车当前状态等因素，这些因素变化将直接影响制动能量回收的效率。

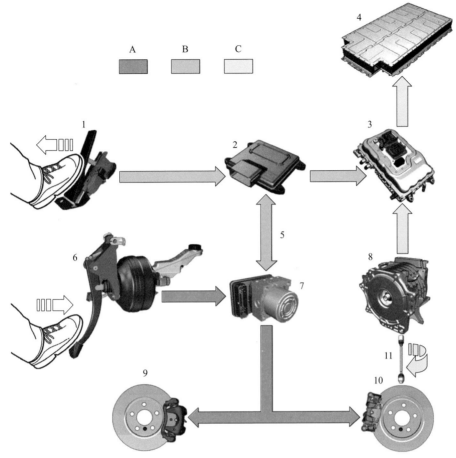

图 4-26 制动能量回收系统示意

A—液压制动；B—信号流；C—能量回收式制动；1—加速踏板模块；2—数字式发动机电气电子系统 EDME；3—电机电子装置 EME；4—高电压蓄电池单元；5—EDME 与 DSC 之间的独立接口；6—带制动装置的制动踏板；7—动态稳定控制系统 DSC；8—电机；9—前部车轮制动器；10—后部车轮制动器；11—半轴

（2）制动能量回收策略

❶ 前后轴制动力理想分配时的控制策略：硬件组成较复杂，需要专门的制动力控制系统，制动稳定性较高，制动能量回收效率较高。

❷ 前后轴制动力比例分配时的控制策略：硬件组成的复杂程度一般，改动较小，制动稳定性中等，制动能量回收效率中等。

❸ 最优能量回收控制策略：硬件组成较复杂，需要专门的制动力控制系统，制动稳定性较低，制动能量回收效率最高。

纯电动汽车的最高车速为什么比不上传统燃油汽车？

纯电动汽车不同于传统燃油汽车，其最高车速分为 1km 最高车速和 30min 最高车速。这样区分，主要是因为电机和传统燃油发动机的特性不同所导致的。

1km 最高车速，是指纯电动汽车能够在往返两个方向各持续行驶 1km 以上距离的最高平均车速。

30min 最高车速，是指纯电动汽车能够持续行驶超过 30min 的最高平均车速。

按照《电动汽车　动力性能　试验方法》（GB/T 18385—2005）的规定，测量 30min 最高车速，其值应不低于 80km/h。

现在，纯电动汽车的最高车速一般都在 130～150km/h，只有少数新研发的车型的最高车速可达 185km/h。这与传统燃油汽车最高车速普遍可达 180km/h，甚至超过 200km/h 相比，纯电动汽车的最高车速的确比不上传统燃油汽车。究其原因，主要有以下三点。

❶ 为了延长电机寿命。纯电动汽车的动力来源是电机。电机具有低转速、高转矩的特性，无需通过变速箱的转化就能在瞬间爆发出强大的动力。因此，它的车速是由电机转速直接控制的，车速越离，电机转速就越快。电机是由感应线圈受到电磁感应产生的力才发生运转的，感受到的力越大，运转速度就越快。不过，感应线圈在运转时，也会同时进行发电，而且转速越快，发电量就越大。实际上，感应线圈的发电过程是把机械能转化为电能的过程，与电机运转时把电能转化为机械能的过程相反，因此会给电机运转带来一定的阻力。当电机高速运转时，由于感应线圈发出来的电流够大，产生的阻力也够高，就会转化为热能散发出去，使电机温度升高。现在，很多纯电动汽车使用的是永磁同步电机，它的关键部位是磁钢，在长时间高温状态下会逐步退磁，而且温度越高，退磁的风险就越大。一旦磁钢退磁，电机就会"罢工"。因此，避免电机转速过高，能够有效减少感应线圈发电量，降低电机工作时的温度，避免电机退磁，以延长使用寿命。

❷ 为了确保续驶里程。纯电动汽车的最高车速是由电机转速决定的，电机转速越快，电机的耗电量就越大，车辆受到的空气阻力也越大，续驶里程就越短。在充电设施布局不够完善、充电速度不够很快的情况下，车企和消费者对于续驶里程的需求远远超过对最高车速的追求。如果要追求最高车速，就必须更换功率更大的电机，这样汽车续驶里程就会缩短。

❸ 为了降低制造成本。纯电动汽车的制造成本普遍高于同级别传统燃油汽车。为了降低制造成本，纯电动汽车使用了小功率电机，使动力电池容量也同步下降。此外，纯电动汽车车速过快，电池放电电流也会增大，此时电池的发热量也会上升，比较容易导致电池过热，对电池产生一定的不良影响。因此，从保护电池的角度出发，纯电动汽车也会对最高车速做出一定的限制。

现在，我国高速公路最高限速为120km/h，纯电动汽车最高车速为130～150km/h，这完全可以满足用户高速通行需求。可以这么说，如果纯电动汽车的最高车速达到180km/h甚至以上，就已经算是动力过剩了，事实上也没有必要如此追求最高车速。

12 纯电动汽车爬坡时为什么会比传统燃油汽车感觉费劲？

随着近年来新能源汽车的逐渐普及，很多人都想购买纯电动汽车。但是，他们对于纯电动汽车的性能还存在着一定的疑虑，例如它的爬坡性能如何，是否能够提供足够的动力？

（1）纯电动汽车的最大爬坡度要求

纯电动汽车的爬坡性能从两方面进行评价，就是爬坡车速和坡道起步能力。

爬坡车速，是指纯电动汽车在给定坡度的坡道上向上行驶超过1km的最高平均车速。

坡道起步能力，是指纯电动汽车在给定坡度的坡道上能够启动且每分钟向上行驶至少10m的最大坡度。

按照《电动汽车 动力性能 试验方法》（GB/T 18385—2005）的规定，测量车辆爬坡速度和最大爬坡度：车辆通过 4% 坡度的爬坡速度不低于 60km/h；车辆通过 12% 坡度的爬坡速度不低于 30km/h；车辆最大爬坡度不低于 20%。

（2）纯电动汽车爬坡能力弱的原因

不可否认，纯电动汽车和传统燃油汽车相比，爬坡能力的确逊色一些。这是因为对于汽车来说，爬坡能力主要由两方面决定：一方面是汽车的牵引力；另一方面是汽车整体的性能。牵引力的大小主要看汽车的转矩，一般来说转矩越大，牵引力就越强，爬坡能力也就越强。由于纯电动汽车没有多挡变速箱存在，所以最高转速比与基速比相差不大，在上坡时不会感受到很强的牵引力，驾驶人就会感受到汽车爬坡速度明显变差。

此外，纯电动汽车由于受到电池容量的限制，输出功率必须控制在一个合理的范围内，否则就无法保证续航能力。因此，纯电动汽车的输出功率一般都维持在一个比较平衡的状态，即便是在爬坡过程中速度也是比较平缓的，不会像传统燃油汽车那样给人一种动力澎湃的感觉。但是，纯电动汽车的爬坡能力也是比较强的，只不过驾驶人无法感受到明显变强的动力输出而已。

（3）提高纯电动汽车爬坡能力的技术

现在，针对纯电动汽车爬坡动力不足这个难题，很多新能源车企都给出了很好的解决方法。例如，采用轮边电机驱动桥技术，汽车后轮采用双电机来进行驱动，而且提高电池容量和密度，保证稳定且充足的动力输出，不仅可以持续爬坡，而且爬坡角度也可以达到 20°～30°。或者，对汽车的轮胎尺寸以及设计进行改造，在爬坡时达到最佳爬坡角度。所以说，虽然纯电动汽车在爬坡能力方面的确处于劣势地位，但是总体来看这些问题已经逐步得到了非常有效的解决。

13 纯电动汽车的能耗为什么在高速行驶时大幅增加？

（1）纯电动汽车的经济车速是中低速

纯电动汽车的电机动力特性与传统燃油汽车的发动机完全不同，电机有一个"基准转速"，在此转速之前，电机的效率最高。通常情况下，这个基准转速为 1500 ～ 2000r/min，这意味着纯电动汽车中低速行驶的效率更高、能耗最低。行驶速度越快，电机转速越高，相应的能耗也越高，续航里程自然也越少。特斯拉公司曾经做过一项数据统计，平均时速越快，汽车实际续航里程也越少，60km/h 也是特斯拉纯电动汽车能够实现最长续航的时速值。简单地说，电机与汽油机的经济工作区间不同，前者集中在中低速，后者集中在中高速。

（2）风阻对纯电动汽车的影响更明显

汽车在高速行驶时，风阻会大幅增加，造成高速工况用于克服行驶阻力的能耗增加。由于纯电动汽车在续航上的"敏感性"，风阻耗能占比会变大。理论上讲，风阻系数每降低 0.01，续航里程可以比原来提升 15 ～ 20km。虽然，这个数值对传统燃油汽车不算什么，但对纯电动汽车，属于"斤斤计较"的一个因素。

（3）减速器、变速箱是关键

纯电动汽车绝大多数没有"变速箱"的概念，只有"单级减速齿轮"，利用电机的转速调节车速，这是纯电动汽车在高速巡航时能耗表现不佳的一大因素。现在，已经考虑在部分车型中加入"两级变速器"，比如保时捷 Taycan，但是更多的车型在长时间内还是只依靠单级齿轮变速。

（4）能量回收不容忽视

纯电动汽车具有能量回收功能，这会显著降低市区工况的行驶能耗。因此，与其说是纯电动汽车高速行驶能耗大幅增加，倒不如说是能量回收大幅降低了纯电动汽车的市区行驶能耗。有意思的是，对于那些高速续航衰减很少的纯电动汽车，可能并不是由于它的电驱系统在高速时效率有多高或是风阻有多低，很有可能只是因为它能量回收强度过低，在市区行驶时能量回收效果不明显罢了。

综上所述，纯电动汽车高速行驶时能耗高、续航里程变少，这是由它先天的特性条件决定的。考虑到成本因素，单纯去增加电池组也不够现实，它需要降低风阻、降低车重、提高电池能量密度等多个环节的共同努力。

因此，"电动汽车高速巡航时的续航"与"传统汽油车堵车时的油耗"一样，都是本身属性，只不过电动汽车受到的影响更大。在未来，伴随着多挡变速箱的广泛应用和电池能量密度的提升，纯电动汽车的这一问题将被逐渐解决。

 ## 14 纯电动汽车的续航里程测试，NEDC、WLTP 和 CLTC 哪个更靠谱？

对于纯电动汽车来说，抛开驾驶习惯和用车环境，测试标准的不同也会影响真实续航里程。现在，主流的测试标准主要有 NEDC、WLTP 和 CLTC 这三种。

（1）NEDC

NEDC 的全称为 "New European Driving Cycle"，即 "新欧洲驾驶循环测试"，这是欧洲的续航测试标准。早期，在对纯电动汽车的综合里程进行测试的时候，工信部采用的就是 NEDC 测试标准。这一标准，主要在欧洲、中国和澳大利亚等国家及地区使用。优点：测试时间短，测试标准简单，操作起来比较容易。缺点：测试过于理想化，得出的数据与实际情况之间存在较大的差异。

（2）WLTP

WLTP 的全称为 "World Light Vehicle Test Procedure"，即 "世界轻型汽车测试规程"，这是由日本、美国和欧盟等共同制定的，其最终版本于 2015 年正式编纂而成。相比旧的 NEDC 测试，WLTP 的测试工况明显更加复杂。优点：测试标准更复杂也更严苛，测试数据更准确。缺点：根据欧洲用户用车习惯得出的测试标准，在我国更为复杂的驾驶环境里有些"水土不服"。

（3）CLTC

在介绍 CLTC 之前，首先要了解 CATC。CATC 是 "China Automotive Test Cycle" 的缩写，即 "中国汽车行驶工况"。CATC 由两部分组成，分别为中国轻型汽车行驶工况（CLTC）和中国重型商用车辆行驶工况（CHTC）。优点：测试标准符合我国实际用车环境，所有数据都来自实际的采集以及大数据的分析。

综上所述，CLTC 测试标准更加贴近中国驾驶人的用车环境，测试数据更为准确。CLTC 测试标准已经在 2021 年 10 月 1 日开始实施，所以目前已经有车型的续航里程是以 CLTC 作为测试标准了。到 2025 年前，所有新能源汽车都将采用 CLTC 标准来测定续航里程，到时消费者就能够获得更加真实可信的车辆续航里程信息。

第5章
新能源混合动力电动汽车知识

 混合动力电动汽车（HEV）与传统燃油汽车的主要区别是什么？

混合动力电动汽车如图5-1所示。

（1）HEV的定义

至少能从下述两类车载储存的能量中获得动力的汽车。

❶ 可消耗的燃料。

❷ 可再充电能／能量储存装置。

（2）HEV的特点

HEV的特点是燃油（气）发动机与电动机两种动力的组合。

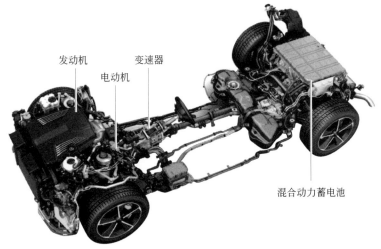

发动机　变速器

电动机

混合动力蓄电池

图 5-1　混合动力电动汽车

（3）HEV与传统燃油汽车的区别

HEV 与传统燃油汽车的主要区别是驱动系统。HEV 通常至少由两种动力源组成：一种是由发动机提供的与传统燃油汽车类似的动力系统，从理论上讲，所有可以用于传统燃油汽车的发动机（包括各种内燃机和外燃机）都可用于 HEV；另一种是传统燃油汽车上所没有的电驱动系统。

电驱动系统，通常由电能储存器（蓄电池、超级电容和飞轮电池）、电源变换器（逆变器和变压器）和电机（直流电机、异步电机、永磁电机和开关磁阻电机）等组成。为了能够利用发动机发电或回收汽车的制动能量等，电驱动系统的电机一般都可作为发电机使用，也有电机和发电机分别设置的。HEV的组成，可以说是上述两种驱动系统的组合，由于组合方式和选用的装置种类不同，就形成了各具特色的 HEV。

 混合动力电动汽车有哪些优缺点？

（1）优点

❶ 续驶里程长。

② 电池搭载少。

③ 节能又环保。

④ 能量回收高。

（2）缺点

① 结构复杂。

② 控制困难。

③ 技术封锁严重。

④ 购买成本高。

混合动力电动汽车有哪几种类型？

（1）按连接方式分类

根据混合动力电动汽车零部件的种类、数量和连接关系，可以分为以下3类。

① 串联式混合动力电动汽车（SHEV）。

② 并联式混合动力电动汽车（PHEV）。

③ 混联式混合动力电动汽车（PSHEV）。

（2）按混合程度分类

按照电动机相对于燃油发动机的功率比大小，可以分为以下3类。

① 微混合型混合动力电动汽车：就是以发动机为主要动力源，电机作为辅助动力，具备制动能量回收功能的混合动力电动汽车。

② 轻度混合型混合动力电动汽车：主要采用集成启动电机（ISG），以发动机为主要动力源，电机作为辅助动力，在车辆加速或爬坡时，电机可向车辆行驶系统提供辅助驱动力矩，补充发动机本身动力输出的不足，但不能单独驱动车辆行驶的混合动力电动汽车。

③ 重度混合型混合动力电动汽车：以发动机和 / 或电机作为动力源，且电机可以独立驱动车辆行驶的混合动力电动汽车。

不同混合度系统对应的功能及按混合度分类的车型如图 5-2 所示。

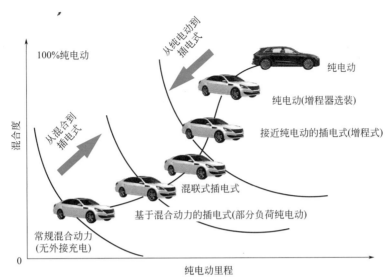

图 5-2 不同混合度系统对应的功能及按混合度分类的车型

 不同类型的混合动力电动汽车有什么区别？

不同类型的混合动力电动汽车项目比较见表 5-1。

表 5-1 不同类型的混合动力电动汽车项目比较

项目	串联式	并联式	混联式
公路行驶燃油经济性	较优	优	优
城市行驶燃油经济性	优	较优	优
无路行驶燃油经济性	较优	优	优
低排放性能	优	较优	较优
成本	低	较低	较低
复杂程度	简单	较复杂	复杂
控制难易程度	简单	较复杂	复杂

5 不同类型的混合动力电动汽车的特点是什么？

不同类型的混合动力电动汽车的特点见表5-2。

表 5-2　不同类型的混合动力电动汽车的特点

结构模型	串联式	并联式	混联式
动力总成	发动机、发电机、驱动电动机，三大动力总成	发动机、电动/发电机或电动机，两大动力总成	发动机、电动/发电机、电动机，三大动力总成
驱动模式	电动机是唯一的驱动模式	发动机驱动模式、电动机驱动模式、发动机 - 电动机混合驱动模式	发动机驱动模式、电动机驱动模式、发动机 - 电动机混合驱动模式、电动机 - 电动机混合驱动模式
传动效率	传动效率较低	传动效率较高	传动效率较高
制动能量回收	能够回收制动能量	能够回收制动能量	能够回收制动能量
整车总布置	三大动力总成之间没有机械式连接装置，结构布置的自由度较大。但是，三大动力总成的重量和尺寸都较大，一般在大型车辆上采用	发动机驱动系统保持机械式传动系统，发动机与电动机两大动力总成之间被不同的机械装置连接起来，结构复杂，使布置受到一定的限制	三大动力总成之间采用机械装置连接，三大动力总成的重量和尺寸都较小，能够在小型车辆上布置，但结构更加紧凑
适用条件	适用于大型客车或货车，适合在路况较复杂的城市道路和普通公路上行驶，更加接近电动汽车性能	适用于中小型汽车，适合在城市道路和高速公路上行驶，接近普通的内燃机汽车性能	适用于各种类型的汽车，适合在各种道路上行驶，更加接近普通的内燃机汽车性能

6 串联式混合动力电动汽车是怎样工作的？

串联式混合动力电动汽车的驱动系统，主要由发动机、发电机、驱动电机和蓄电池组成，如图 5-3 所示。

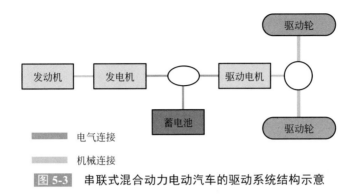

图 5-3 串联式混合动力电动汽车的驱动系统结构示意

（1）工作原理

发动机只用于发电，发电机发出的电能通过电机控制器直接输送到驱动电机，用于驱动汽车行驶。发电机发出的部分电能可以给蓄电池充电，来延长混合动力电动汽车的续驶里程。另外，蓄电池还可以单独向驱动电机提供电能来驱动电动汽车，使混合动力电动汽车在零污染状态下行驶。串联式混合动力电动汽车动力流程如图 5-4 所示。

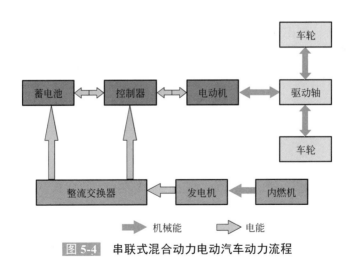

图 5-4 串联式混合动力电动汽车动力流程

在串联式混合动力电动汽车上，由发动机带动发电机所产生的电能和蓄电池输出的电能，共同输出到驱动电机来驱动汽车行驶，电力驱动是唯一的驱动模式。

（2）工作模式

① 纯电驱动模式：发动机关闭，汽车仅由蓄电池供电和驱动。

② 纯发动机驱动模式：发动机 - 发电机组给电动机提供电能，驱动汽车行驶；蓄电池既不供电，也不从传动系统中获取能量。

③ 混合驱动模式：发动机 - 发电机组和蓄电池共同给电动机提供电能，驱动汽车行驶。

④ 行车充电模式：发动机 - 发电机组除给电动机提供电能驱动汽车行驶以外，同时给蓄电池充电。

⑤ 混合充电模式：发动机 - 发电机组和运行在发电机状态下的牵引电动机共同给蓄电池充电。

⑥ 再生制动模式：发动机 - 发电机组关闭，牵引电动机运行在发电机状态，通过消耗汽车本身的动能产生电功率给蓄电池充电。

⑦ 停车充电模式：汽车停驶，牵引电动机不接收功率，发动机 - 发电机组仅给蓄电池充电。

 7 并联式混合动力电动汽车是怎样工作的？

并联式混合动力电动汽车的驱动系统，主要由发动机、驱动电机、变速器和蓄电池组成，如图 5-5 所示。

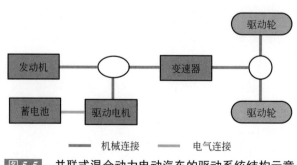

图 **5-5** 并联式混合动力电动汽车的驱动系统结构示意

（1）工作原理

并联式混合动力电动汽车，是以发动机作为主动力装置，电机作为辅助动力装置，这种结构决定了控制的灵活性：当汽车在怠速、低速等小功率工况下运行时，关闭发动机，只采用电机驱动；当发动机处于工作的高效区时，发动机单独驱动；当汽车需要大功率输出如爬坡、急加速时，电机协助发动机驱动车辆。由于发动机和驱动电机的功率可以互相叠加，所以采用较小功率的发动机和驱动电机就能获得比较满意的动力性能，而且通过电机的"消峰填谷"作用，可以使发动机较多地工作在高效区。缺点是结构比较复杂，同时控制难度增加。并联式混合动力电动汽车动力流程如图5-6所示。

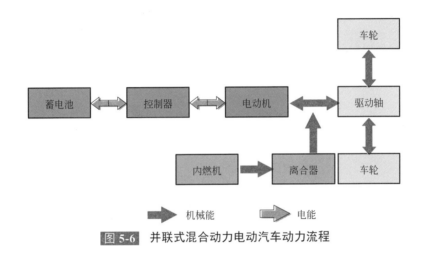

图 5-6　并联式混合动力电动汽车动力流程

（2）工作模式

❶ 纯电动模式：在汽车处于起步、低速等轻载工况且蓄电池的电量充足时，如果以发动机作为动力源，则发动机燃油效率较低，并且排放性能差。这时，关闭发动机，由蓄电池提供能量并以电机驱动汽车行驶。

❷ 纯发动机模式：在汽车高速行驶等中等负荷时，由发动机提供动力，这时发动机可在高效区工作，燃油经济性较高。

❸ 混合驱动模式：在汽车急加速或爬坡等大负荷情况下，由电机提供辅助动力同发动机一起驱动汽车，这种情况下汽车的动力性处于最佳状态。

❹ 行车充电模式：在汽车正常行驶等中低负荷时，如果蓄电池荷电状态

未达到最高限值，发动机除了要提供驱动汽车所需的动力外，还要将多余能量用于带动发电机给蓄电池充电。

⑤ 再生制动模式：在汽车减速、制动时，发动机不工作，电机以发电机模式工作发电，然后给蓄电池充电。

⑥ 停车充电模式：在这种模式中，通常关闭发动机和电机。但是，当蓄电池剩余电量不足时，可以启动发动机和电机，控制发动机工作于高效区并拖动电机为蓄电池充电。

 # 混联式混合动力电动汽车是怎样工作的？

混联式是串联式和并联式的综合。

混联式混合动力电动汽车的驱动系统，主要由发动机、发电机、驱动电机和蓄电池组成，如图5-7所示。

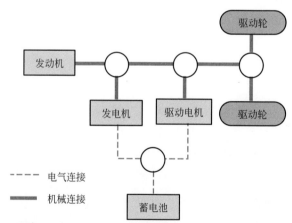

图 5-7 混联式混合动力电动汽车的驱动系统结构示意

（1）工作原理

发动机发出的功率，一部分通过机械传动输送给驱动桥，另一部分驱动发电机发电。发电机发出的电能输送给驱动电机或蓄电池，驱动电机产生的驱动力矩通过动力复合装置传送给驱动桥。混联式混合动力电动汽车在低速行驶时，驱动系统主要以串联式工作；在高速行驶时，主要以并联式工作。混联式混合动力电动汽车动力流程如图5-8所示。

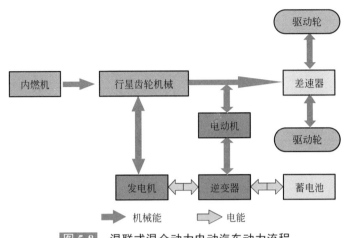

图 5-8　混联式混合动力电动汽车动力流程

（2）工作模式

❶ 纯电驱动模式：汽车由蓄电池通过功率转换器向电动机供电，电动机通过动力合成器提供驱动功率，这时发动机和发电机都处于关闭状态。

❷ 纯发动机驱动模式：仅由发动机向汽车提供驱动功率，蓄电池既不从传动系统中获取能量，也不提供电能，这时电动机和发电机都处于关闭状态。

❸ 混合驱动模式：汽车的驱动功率由蓄电池和发动机共同提供，并通过动力合成器合成后，向机械传动装置提供动力。

❹ 行车充电模式：发动机除提供汽车行驶所需要的驱动功率外，同时给蓄电池提供充电功率，这时发动机的功率由动力合成器分成两路；一路驱动汽车行驶；另一路带动发电机发电给蓄电池充电。

❺ 再生制动模式：发动机关闭，电动机运行在发电机状态，通过消耗汽车本身的动能产生电功率向蓄电池充电。

❻ 停车充电模式：汽车停驶，发动机通过动力合成器带动发电机发电，给蓄电池充电。

不同结构形式下发动机和电动机的使用比例如图 5-9 所示。

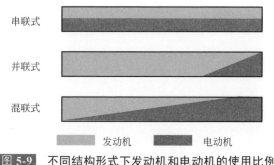

串联式

并联式

混联式

发动机　电动机

图 5-9　不同结构形式下发动机和电动机的使用比例

 什么是增程式电动汽车？

增程式电动汽车，是以电能为主要驱动能源、发动机为辅助动力源的一种兼有外接电源充电和车载自供电功能的电动汽车。

增程式电动汽车动力系统的基本结构，主要由发动机与发电机耦合组成的辅助动力系统（APU）、动力电池、电动机、转换器和传动系统组成，如图 5-10 所示。

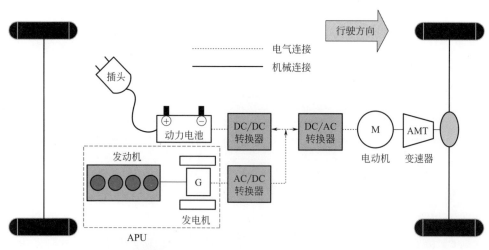

图 5-10　增程式电动汽车动力系统结构示意

增程式电动汽车是怎样工作的？

（1）工作原理

增程式电动汽车，主要动力来源是动力电池。当汽车以纯电动方式行驶时，驱动电机所需要的电量完全由动力电池提供；发动机和发电机组是辅助动力源，当动力电池电量不足时，辅助动力系统给动力电池充电并且提供驱动电机所需电量；驱动电机可以看成是回收能量源，负责在行驶途中制动时进行能量回收。

（2）工作模式

❶ 纯电动模式：在动力电池能量充足的条件下，进入纯电动行驶模式。这时，APU 系统关闭，只有动力电池提供驱动电机需求能量，相当于一辆纯电动汽车。

❷ APU 单独驱动模式：当动力电池电量不足时，进入 APU 单独驱动模式。在动力电池 SOC 值降到能量管理策略所设定的最小阈值时，APU 启动，并且发动机根据制定的 APU 控制策略运行在最佳工况点下，带动发电机发电，产生的电能一部分用于满足汽车行驶所需能量，多余的电能为动力电池充电。当动力电池电量恢复到充足时，APU 停止工作，继续由动力电池单独给驱动电机提供能量，维持汽车的行驶，这时又进入纯电动行驶模式。

❸ 混合驱动模式：若路面需求功率较大，如在爬坡、加速等工况下，动力电池供能不足时，APU 启动，APU 联合动力电池一起工作，提供汽车行驶所需的能量。

❹ 制动能量回收模式：在汽车减速或制动时，进入制动能量回收模式，可以将车辆的动能转化为电能储存在动力电池中，以供车辆驱动使用。

❺ 停车充电模式：停车时，动力系统全部停止输出电能，这时通过车载充电机连接外接电网对动力电池进行充电，用于下次行车使用。

混合动力电动汽车主要有哪几种动力耦合方式？

混合动力电动汽车是由内燃机与电机两种动力混合驱动的车辆，这种混合是通过动力耦合器的耦合作用实现的。

❶ 转矩耦合：是指两个（或多个）动力源的输出动力在耦合过程中，两个（或多个）动力源的输出转矩相互独立，而输出转速必须互成比例，最终的合成转矩是两个动力源输出转矩的耦合叠加。转矩耦合方式主要有齿轮耦合和磁场耦合。

❷ 转速耦合：是指两个（或多个）动力源的输出动力在耦合过程中，两个（或多个）动力源的输出转速相互独立，而输出转矩必须互成比例，最终的合成转速是两个动力源输出转速的耦合叠加，合成转矩则不是两个（或多个）动力源输出转矩的叠加。转速耦合可以通过行星齿轮、差速器等方式实现。

❸ 功率耦合：输出转矩和转速分别是发动机与电机转矩及转速的线性和，因此发动机的转矩和转速都可控。

❹ 牵引力耦合：是指发动机驱动前轮（后轮）、电机驱动后轮（前轮），通过前后车轮驱动力将多个动力源输出动力耦合在一起。

各种动力耦合方式的比较如表 5-3 所示。

表 5-3 各种动力耦合方式的比较

耦合方式		混合度	平顺性	复杂性	效率	控制	能量回收	成本
转矩耦合	齿轮耦合	中	差	低	高	容易	中	低
	磁场耦合	中	好	中	高	中	容易	中
	链或带耦合	低	中	低	低	容易	中	低
转速耦合	行星齿轮式	中	中	低	高	中	难	低
	差速器式	高	中	低	高	中	难	低
功率耦合		高	好	高	中	较难	容易	高
牵引力耦合		高	好	中	高	难	中	中

什么是插电式混合动力电动汽车？

插电式混合动力电动汽车（Plug-in Hybrid Electric Vehicle，PHEV），是指可以使用电网（包括家用电源插座）对车载可充电动力电池进行充电的混合动力汽车，如图 5-11 所示。

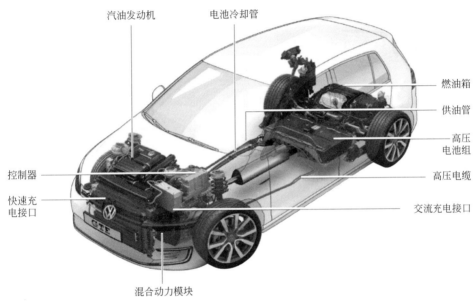

图 5-11 插电式混合动力电动汽车

插电式混合动力车型是混动车型的一种形式，它既能实现相对长距离的纯电动行驶，也能不受电池电量和充电桩的限制，以极低的油耗实现混合动力行驶。在充电基础设施尚不普及、电动汽车电池技术仍不完善的背景下，插电式混合动力技术是最具实际意义的减排选择。简而言之，插电式混合动力电动汽车，是一种可以"短途用电、长途用油"的交通工具。

插电式混合动力电动汽车，可以使用纯电动模式驱动车辆行驶，且纯电动行驶里程较长；电能不足时，车辆仍然可以重度混合模式行驶。插电式混合动力系统的电机功率比纯电动汽车的稍小，动力电池的容量介于重度混合系统和纯电动车辆之间。

插电式混合动力电动汽车的特点如下。

❶ 将纯电动驱动系统和混合动力驱动系统相结合，减少有害气体、温室气体的排放，大大降低整车的燃油消耗，提高燃油经济性。

❷ 无需配备大容量的动力电池，可以大幅降低制造成本。

❸ 可以利用外部公用电网对车载动力电池进行均衡充电，减少对石油的依赖，同时又能改善电厂发电机组效率、削峰填谷，缓解供电压力。

13 插电式混合动力电动汽车与油电式混合动力电动汽车有什么区别？

油电式混合动力电动汽车，是指非插电的混合动力电动汽车。它的动力来源主要是发动机，电机只是一个辅助动力源，纯电动续航能力弱。油电式混合动力汽车同时拥有两个"心脏"——发动机和电动机，如图 5-12 所示。

图 5-12　油电式混合动力电动汽车

（1）优点

❶ 低速时使用电力驱动，高速时使用燃油驱动，这样就能降低油耗。

❷ 使用电力驱动的时候，加速迅速。

❸ 电力驱动下没有发动机的噪声，车内安静舒适。

（2）缺点

❶ 购车成本高。

❷ 两套动力系统会增加汽车本身的故障率。

❸ 保值率低。

油电式混合动力电动汽车的蓄电池容量很小，仅在启／停、加／减速的时候供应／回收能量，不能外部充电，不能用纯电动模式行驶，属于节能汽车。

插电式混合动力电动汽车，蓄电池容量相对较大，可以外部充电，可以用纯电动模式行驶，蓄电池电量耗尽后再以混合动力模式（以内燃机为主）行驶，并适时向蓄电池充电，属于新能源汽车。

 什么是最低荷电状态油耗？

最低荷电状态油耗，是指插电式混合动力电动汽车在最低荷电状态下的燃料消耗量。简单地说，最低荷电状态就是插电式混合动力电动汽车的电池电量在正常使用过程中被消耗到了所允许的最低值，而此状态下车辆的燃油消耗量就是最低荷电状态油耗。这个参数，向消费者客观展示了插电式混合动力电动汽车在"没电"时的油耗表现。

那么，什么是最低荷电状态呢？

根据《轻型混合动力电动汽车污染物排放控制要求及测量方法》（GB 19755—2016）中的定义：储能装置最高荷电状态下，在进行 N 个连续测试循环后（允许每个循环之间有不超过 10min 的动力系统关断期），如果第 $N+1$ 个循环所测得的电量平衡值表明其放电量没有超过额定存储值（即电能充满时的储存能力，由制造厂提供）3% 时，则认为第 N 个循环储能装置达到最低荷电状态。

如图 5-13 所示为可外接充电式混合动力电动汽车标识各功能区分布示意，黑框部分为最低荷电状态燃料消耗量。

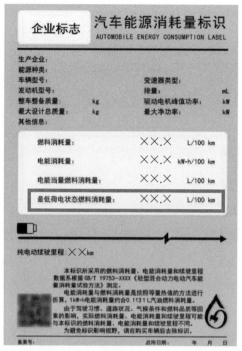

图 5-13 可外接充电式混合动力电动汽车标识各功能区分布示意

 什么是电能当量燃料消耗量?

电能当量燃料消耗量(L/100km),是指根据《电动汽车能耗折算方法》(GB/T 37340—2019)提供的将电动汽车电能消耗量当量转化为燃料消耗量的方法,所计算出的电动汽车行驶 100km 电能消耗量折算为行驶 100km 燃料消耗量数值。

此标准适用于纯电动汽车与可外接充电式混合动力电动汽车。

电能消耗量与燃料消耗量按照等量热值的方法进行折算,1kW·h 电能消耗量约合 0.1131L 汽油燃料消耗量。

例如:可外接充电式混合动力电动汽车秦 PLUS 的电能当量燃料消耗量为 1.3L/100km。简单地说,就是 11.7kW·h 的电能从能耗角度计算,相当于消耗了 1.3L 汽油。

16 混合动力电动汽车传动系统参数如何匹配？

以常见的并联式混合动力电动汽车为例，介绍其传动系统的参数匹配。

（1）发动机和驱动电机参数匹配

❶ 根据汽车混合驱动时最高车速确定的整车最大总功率为

$$P_{\max_1} = \frac{u_{\max}}{3600\eta_t}\left(mgf + \frac{C_D Au_{\max}^2}{21.15}\right)$$

式中，$P_{\max_1}$ 为根据汽车混合驱动时最高车速确定的整车最大总功率，kW；$u_{\max}$ 为汽车混合驱动时的最高车速，km/h；m 为整车质量，kg；η_t 为传动系统效率；f 为轮胎滚动阻力系数；C_D 为空气阻力系数；A 为迎风面积，m^2。

❷ 根据汽车最大爬坡度确定的整车最大总功率为

$$P_{\max_2} = \frac{u_p}{3600\eta_t}\left(mgf\cos\alpha_{\max} + mg\sin\alpha_{\max} + \frac{C_D Au_p^2}{21.15}\right)$$

式中，$P_{\max_2}$ 为根据汽车最大爬坡度确定的整车最大总功率，kW；$\alpha_{\max}$ 为最大坡度角，（°）；u_p 为爬坡速度，km/h。

❸ 根据汽车加速性能确定的整车最大功率为

$$P_{\max_3} = \frac{u}{3600\eta_t}\left(mgf + \frac{C_D A}{21.15}u^2 + \delta m\frac{du}{dt}\right)$$

式中，$P_{\max_3}$ 为根据汽车加速性能确定的整车最大总功率，kW；δ 为旋转质量换算系数；u 为行驶速度，km/h；$\frac{du}{dt}$ 为加速度，m/s^2。

汽车由静止原地起步加速过程中，行驶速度为

$$u = u_e\left(\frac{t}{t_e}\right)^{0.5}$$

式中，u_e 为加速终止时的速度，km/h；t_e 为由静止加速到 u_e 所需要的时间，s；t 为加速时间，s。

根据加速时间所确定的整车最大功率为

$$P_{\text{max}_3} = \frac{1}{3600\eta_\text{t}}\left(mgf\frac{u_\text{e}}{1.5} + \frac{C_\text{D}Au_\text{e}^3}{52.875} + \delta m\frac{u_\text{e}^2}{7.2t_\text{e}}\right)$$

汽车整车最大总功率为

$$P_{\text{total}} \geqslant \max\ \left(P_{\text{max}_1},\ P_{\text{max}_2},\ P_{\text{max}_3}\right)$$

❹ 根据汽车纯发动机模式最高车速确定的发动机最大功率为

$$P_{f_{\text{max}}} = \frac{u_{f_{\text{max}}}}{3600\eta_\text{t}}\left(mgf + \frac{C_\text{D}Au_{f_{\text{max}}}^2}{21.15}\right)$$

式中，$P_{f_{\text{max}}}$ 为根据汽车纯发动机模式最高车速度确定的发动机最大功率，kW；$u_{f_{\text{max}}}$ 为汽车纯发动机模式的最高车速，km/h。

❺ 根据汽车纯电动模式最高车速确定的电机峰值功率为

$$P_{e_{\text{max}}} = \frac{u_{e_{\text{max}}}}{3600\eta_\text{t}}\left(mgf + \frac{C_\text{D}Au_{e_{\text{max}}}^2}{21.15}\right)$$

式中，$P_{e_{\text{max}}}$ 为汽车纯电动模式最高车速确定的电机峰值功率，kW；$u_{e_{\text{max}}}$ 为汽车纯电动模式的最高车速，km/h。

发动机峰值功率 = 整车最大总功率 - 电机峰值功率。

（2）机械变速结构传动比匹配

❶ 主减速器和转矩耦合器传动比的匹配。主减速器和转矩耦合器的传动比应满足汽车纯发动机模式的最高车速要求，即

$$i_0k_1 \leqslant \frac{0.377n_{f_{\text{max}}}r}{u_{f_{\text{max}}}}$$

式中，i_0 为主减速器传动比；k_1 为转矩耦合器从发动机端到输出轴的传动比；$n_{f_{\text{max}}}$ 为发动机最高转速，r/min；$u_{f_{\text{max}}}$ 为汽车纯发动机模式的最高车速，km/h。

当汽车以最高车速行驶时，为了获得发动机最大功率，主减速比还应满足

$$i_0k_1 \geqslant \frac{0.377n_{\text{ecp}}r}{u_{f_{\text{max}}}}$$

式中，n_{ecp} 为发动机最大功率转速，r/min。

主减速器传动比与转矩耦合器从电机端到输出轴的传动比的选择应满足汽车纯电动模式的最高车速要求，即

$$i_0 k_2 \leqslant \frac{0.377 n_{e_{max}} r}{u_{e_{max}}}$$

式中，k_2 为转矩耦合器从电机端到输出轴的传动比；$n_{e_{max}}$ 为电机最高转速，r/min；$u_{e_{max}}$ 为汽车纯电动模式的最高车速，km/h。

当汽车以最高车速行驶时，为了获得电机最大功率，主减速比还应该满足

$$i_0 k_2 \geqslant \frac{0.377 n_{mcp} r}{u_{e_{max}}}$$

式中，n_{mcp} 为电机峰值功率转速。

❷ 变速器传动比的匹配。对于应用转矩耦合器的并联式混合动力电动汽车来说，当转矩耦合器和主减速器传动比确定时，只需要确定变速器一挡传动比就能得到传动系统的最大传动比。

当汽车以低速爬坡时，不考虑空气阻力，其最大驱动力为

$$F_{t_{max}} = F_f + F_{i_{max}}$$

式中，$F_{t_{max}}$ 为汽车的最大驱动力，N；F_f 为汽车的滚动阻力，N；$F_{i_{max}}$ 为汽车的坡度阻力，N。

上边公式可写成

$$\frac{T_{tq_{max}} i_{g_1} i_0 k_1 \eta_t}{r} = mgf\cos\alpha_{max} + mg\sin\alpha_{max}$$

式中，$T_{tq_{max}}$ 为发动机最大转矩，N·m；i_{g_1} 为变速器一挡传动比；α_{max} 为最大坡度角，(°)。

变速器一挡传动比为

$$i_{g_1} \geqslant \frac{mg(f\cos\alpha_{max} + \sin\alpha_{max})r}{T_{tq_{max}} i_0 k_1 \eta_t}$$

（3）蓄电池参数匹配

❶ 电压等级的选择。蓄电池组的电压等级，主要取决于电机的电压等级范围，电机的峰值功率越大，电机系统的电压等级就越高，这样对保证整个蓄电池组的电流不超过一定的限制是有利的。但是，电压等级不能超过电源系统的最高电压限制值，否则会引起系统的高压安全问题。

❷ 功率参数的选择。蓄电池组的充放电功率应与发电机组的功率相匹配，

并满足电机的功率要求。在混合动力电动汽车的实际应用中，当电机大负荷工作时，电池快速放电，此时需要最大的功率输出，比如上坡、加速等就是这样一种工况，这时需要给电机输入大电流来提供驱动所需的最大功率。

蓄电池的最大需求功率为

$$P_{ess} = \frac{P_{e_{max}}}{\eta_e}$$

式中，P_{ess} 为蓄电池的最大需求功率。

❸ 能量参数的确定。蓄电池总能量需要根据纯电动模式下的续驶里程确定。

$$E_b = \frac{\left(mgf + \dfrac{C_D A u_a^2}{21.15}\right)S_a}{3.6\eta_t\eta_e\eta_d(\mathrm{SOC_H} - \mathrm{SOC_L})}$$

式中，E_b 为蓄电池总能量；u_a 为平均车速；S_a 为车速 u_a 时的续驶里程；$\mathrm{SOC_H}$ 为初始 SOC 值；$\mathrm{SOC_L}$ 为终止 SOC 值。

蓄电池容量为总能量与额定电压的比值，即

$$C_e = \frac{E_b}{U_e}$$

❹ 蓄电池荷电状态 SOC。对于并联式混合动力电动汽车，要求其在长时间的稳定运行前后电池的 SOC 基本保持不变或变化很小，这样就可以避免电池的深度充放电，从而延长蓄电池的使用寿命。此外，不同厂家的电池其 SOC 最佳工作范围有所不同。

第6章
新能源燃料电池
电动汽车知识

在众多的新能源汽车中，燃料电池电动汽车因为具有零排放、效率高、燃料来源多元化、能源可再生等优势而被认为是未来汽车工业可持续发展的重要方向，是解决全球能源问题和气候变化的理想方案。

1 燃料电池电动汽车的总体结构是什么样的？

燃料电池电动汽车（Fuel Cell Electric Vehicle，FCEV），是一种用车载燃料电池装置产生的电力作为动力的汽车。车载燃料电池装置所使用的燃料，为高纯度氢气或含氢燃料经重整所得到的高含氢重整气。

典型的燃料电池电动汽车，主要由燃料电池堆、高压储氢罐、辅助动力源、DC/DC 转换器、驱动电机和整车控制器等组成，如图 6-1 所示。

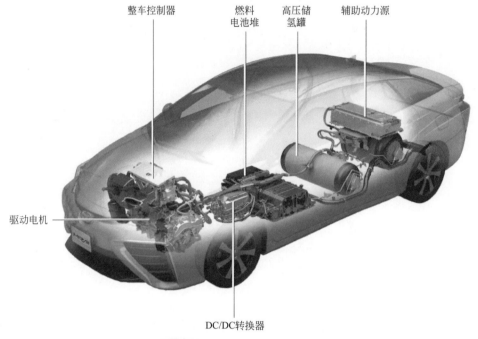

图 6-1　燃料电池汽车的组成

❶ 燃料电池堆：这是燃料电池电动汽车的主要动力源，是一种不燃烧燃料而直接以电化学反应方式将燃料的化学能转变为电能的高效发电装置。

❷ 高压储氢罐：这是气态氢的储存装置，用来给燃料电池供应氢气。

❸ 辅助动力源：用蓄电池、飞轮储能器或超级电容器等组成的双电源或多电源系统。

❹ DC/DC 转换器：主要功能是调节燃料电池的输出电压，调节整车能量分配，稳定整车直流母线电压。

❺ 驱动电机：这是燃料电池电动汽车的"心脏"。

❻ 整车控制器：这是燃料电池电动汽车的"大脑"，一方面接收驾驶人的需求信息，实现整车工况控制；另一方面基于反馈的实际工况以及动力系统的状况，根据预先匹配好的多能源控制策略进行能量分配调节控制。

2 燃料电池电动汽车动力系统的基本构成是什么？

燃料电池电动汽车动力系统的基本构成如图 6-2 和图 6-3 所示。

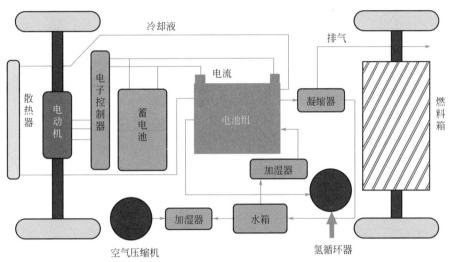

图 6-2 典型的直接燃料电池电动汽车动力系统的基本构成

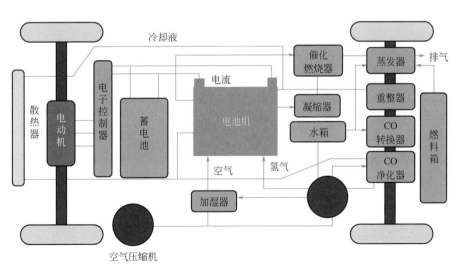

图 6-3 重整燃料电池电动汽车动力系统的基本构成

燃料电池电动汽车的工作原理是什么？

　　燃料电池电动汽车利用燃料电池产生的电能来带动电机工作，再由电机带动汽车中的机械传动结构，进而带动汽车的前桥（或后桥）等行走机械结构工作，从而驱动电动汽车行驶，如图 6-4 所示。

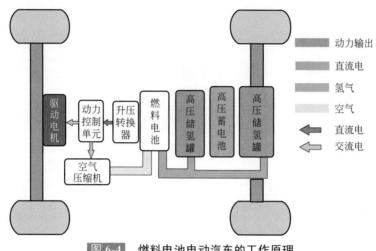

图 6-4　燃料电池电动汽车的工作原理

 燃料电池电动汽车有哪些优缺点？

（1）优点

❶ 效率高：可以达到 30% 以上。

❷ 低噪声：运行过程中振动和噪声都较小。

❸ 绿色环保：生成物只有水，属于零排放或近似零排放。

❹ 续驶里程长：长途行驶能力及动力性已经接近传统汽车。

❺ 过载能力强：短时过载能力可以达到额定功率的 200% 或更大。

❻ 设计方便灵活：改变传统的汽车设计概念，可以在空间和重量等问题上进行灵活的配置。

（2）缺点

❶ 生产成本高：燃料电池的燃料，其生产、运输、储存等成本较高。

❷ 使用配套不足：由于氢燃料的生产、储存、运输等都存在一定的安全隐患，因此加氢站等基础网络设施建设相对落后，这制约着燃料电池电动汽车的推广。

❸ 需要配套辅助电池系统：燃料电池可以持续发电，但不能充电和回收再生制动的反馈能量。通常在燃料电池电动汽车上需要增加辅助电池，来储存燃料电池富裕的电能和燃料电池电动汽车在减速、制动时接收再生制动能量。

燃料电池与内燃机效率对比如图6-5所示。

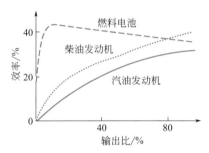

图 6-5 燃料电池与内燃机效率对比

 燃料电池电动汽车有哪几种驱动方式？

燃料电池电动汽车的结构多种多样，通常按动力源的组成进行分类。燃料电池电动汽车的动力源通常包括燃料电池系统（Fuel Cell）、蓄电池（Battery）和超级电容器（Capacitor）。

（1）纯燃料电池驱动（Pure Fuel Cell，PFC）的FCEV

纯燃料电池驱动的燃料电池电动汽车，只有燃料电池一个动力源，承担着汽车的所有功率负荷，如图6-6所示。

❶ 优点：

a.结构简单，便于实现系统控制和整体布置；

b.系统部件少，有利于整车的轻量化；

c.较少的部件使得整体的能量传递效率高。

❷ 缺点：

a.燃料电池功率大、成本高；

b.对燃料电池系统的动态性能和可靠性提出了很高的要求；

c.无法回收制动能量。

图 6-6　**PFC 汽车结构原理**

（2）燃料电池＋辅助蓄电池联合驱动（FC+B）的FCEV

这是典型的串联式混合动力结构。在该动力系统结构中，燃料电池和蓄电池一起为驱动电机提供能量，驱动电机将电能转化成机械能传给传动系统，从而驱动汽车前进；在汽车制动时，驱动电机变成发电机，蓄电池将储存回馈的能量，如图 6-7 所示。

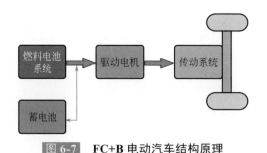

图 6-7　**FC+B 电动汽车结构原理**

❶ 优点：

a.由于增加了比功率价格相对低廉的蓄电池组，系统对燃料电池的功率要求较纯燃料电池结构形式有很大的降低，从而大幅降低了整车成本；

b.燃料电池可以在比较好的设定的工作条件下工作，效率较高；

c.系统对燃料电池的动态响应性能要求较低；

d.汽车的冷启动性能较好；

e.制动能量回馈的采用，可以回收汽车制动时的部分动能，增加整车的能量效率。

❷ 缺点：

a.使用蓄电池会使整车的重量增加，动力性和经济性受到影响，这一点在能量复合型混合动力电动汽车上表现得最为明显；

b.蓄电池充放电过程会有能量损耗；

c.系统变得复杂，系统控制和整体布置难度增加。

（3）燃料电池+超级电容器联合驱动（FC+C）的FCEV

这种结构形式与燃料电池+蓄电池结构相似，只是把蓄电池换成了超级电容器。相对于蓄电池，超级电容器充放电效率高，能量损失小，比蓄电池功率密度大，在回收制动能量方面比蓄电池有优势，循环寿命长，但是超级电容器的能量密度较小，如图6-8所示。

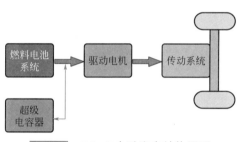

图 6-8 FC+C 电动汽车结构原理

（4）燃料电池+辅助蓄电池+超级电容器联合驱动（FC+B+C）的FCEV

这种动力系统结构也是串联式混合动力结构。燃料电池、蓄电池和超级电容器一起为驱动电机提供能量，驱动电机将电能转换成机械能传给传动系统，驱动汽车前进；在汽车制动时，驱动电机变成发电机，蓄电池和超级电容器将储存回馈的能量，如图6-9所示。

❶ 优点：相比燃料电池+蓄电池的结构形式，优点更加明显，尤其是在

部件效率、动态特性和制动能量回馈等方面。

②缺点：

a. 增加了超级电容器，可能增加系统重量；

b. 系统更加复杂化，系统控制和整体布置的难度也随之增大。

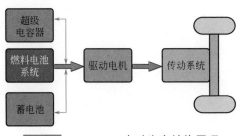

图 6-9　**FC+B+C** 电动汽车结构原理

 燃料电池电动汽车有哪几种布置方式？

不同燃料电池电动汽车车型的主要区别，就在于燃料电池系统、高压储氢瓶和动力电池在车辆中的布置方式，不同的布置位置也影响了这些零部件的形状，如图 6-10 和图 6-11 所示。

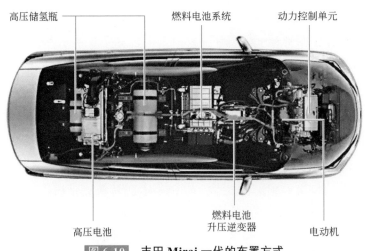

图 6-10　**丰田 Mirai 一代的布置方式**

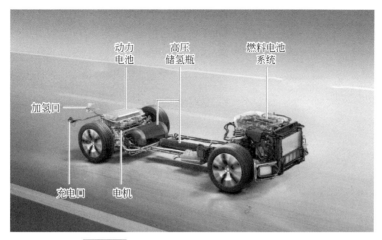

图 6-11　奔驰 GLCF-CELL 的布置方式

主要布置方式如下。

❶ 高压储氢瓶沿车中轴纵置 + 车尾横置，动力电池后置，燃料电池系统前置。

❷ 高压储氢瓶在车尾横置，动力电池像纯电动汽车一样中置，燃料电池系统前置。

❸ 高压储氢瓶在车尾横置，动力电池后置，燃料电池系统中置。

❹ 高压储氢瓶在车尾横置，动力电池后置，燃料电池系统前置。

奔驰与丰田公司在早期开发时使用了主要布置方式的第③类方案，随后都在更新的车型中换成了第①类方案。包括现代 NEXO 在内，其使用的第④类方案与第①类方案非常相似。总体来说，目前最新一代的车型中，大部分厂商都采用了动力电池后置、燃料电池系统前置的方案，而高压储氢瓶有纵置也有横置。

 燃料电池电动汽车的发动机系统是怎样构成的？

以氢气为燃料的 FCEV 的总布置基本结构如图 6-12 所示。

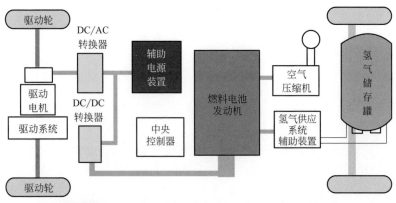

图 6-12 以氢气为燃料的 FCEV 的总布置基本结构

（1）氢燃料电池发动机

❶ 氧气供应、管理和回收系统。

❷ 氧气供应和管理系统。

❸ 水循环系统。

❹ 电力管理系统。

（2）DC/DC 转换器

❶ 当输入的直流电压在一定范围内变化时，能输出负载要求的变化范围的直流电压。

❷ 输出负载要求的直流电流（范围）：能够允许在足够宽的负载变化范围的情况下设备能正常运行。

❸ 转换器是能量传递部件，因此需要转换效率高，以便提高能源的利用率。

❹ 为了降低对燃料电池的输出电压要求，转换器应具有升压功能。

❺ 由于燃料电池输出的不稳定，需要转换器闭环运行进行稳压；为了给驱动器稳定的输入，需要转换器有较好的动态调节能力。

（3）驱动电机

❶ 直流电机驱动系统采用换向器和电刷，保证了励磁磁动势与电枢磁动势的严格正交，易于控制。但是，直流电机结构复杂，高速性能和可靠性受转换器及电刷的影响较大。

② 交流电机坚固耐用，结构简单，技术成熟，免维护，成本低，非常适合恶劣的工作环境。但是，交流电机的缺点在于损耗大，效率低，功率因数低，进而导致控制器容器增加，成本提高。

 ## 8 燃料电池电动汽车的辅助动力源有哪些功能？

在燃料电池电动汽车上，燃料电池发动机是主要电源，另外还配备辅助动力源。根据燃料电池电动汽车的设计方案不同，所采用的辅助动力源也有所不同，可以用蓄电池组、飞轮储能器或超大容量电容器等共同组成双电源系统。在具有双电源系统的燃料电池电动汽车上，驱动电动机的电源可以实现以下驱动模式。

① 在汽车起步时，由辅助动力源提供电能带动燃料电池发动机启动，或带动汽车起步。

② 在汽车行驶时，由燃料电池发动机提供驱动所需全部电能，剩余的电能储存到辅助动力源装置中。

③ 在汽车加速和爬坡时，如果燃料电池发动机提供的电能还不足以满足汽车的驱动功率要求，则由辅助动力源提供额外的电能，使驱动电动机的功率或转矩达到最大，形成燃料电池发动机与辅助动力源同时供电的双电源供电模式。

④ 储存制动时反馈的电能，以及向汽车的各种电子、电气设备提供所需要的电能。

 ## 9 燃料电池电动汽车的动力电控系统是由哪几部分构成的？

燃料电池电动汽车的动力电控系统，主要由发动机管理系统、蓄电池管理系统、动力控制系统和整车控制系统组成，如图 6-13 所示。

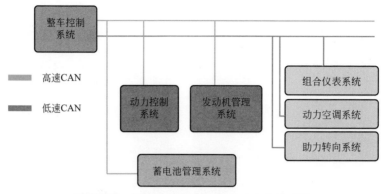

图 6-13 燃料电池电动汽车的动力电控系统

 燃料电池电动汽车是怎样制氢的？

直接供氢的 FCEV，推广普及的关键是纯氢的供应和储存。为了保证直接供氢的 FCEV 用氢的需要，必须建造氢站，这就增大了直接供氢的 FCEV 商品化和推广普及的难度。因此，世界上各大汽车公司纷纷推出了通过燃料重整反应制取氢气的技术，可使用多种碳氢燃料，包括醇类燃料、天然气等。

（1）氢气的制备方法

❶ 化石燃料制氢：这是制氢的主要方法，途径很多，如天然气或石油气重整制氢、焦炭或无烟煤制氢、甲醇制氢等。

❷ 水电解制氢：从水中制氢，因为纯水是电的不良导体，所以电解水制氢时要在水中加入电解质来增大水的导电性。

❸ 含氨工业尾气回收氢：从合成氨、炼油厂等大型工业排放物中回收氢。

❹ 可再生资源制氢技术：主要包括生物质制氢、太阳能光解制氢、城市固体废物气化等技术。

❺ 车载制氢技术：燃料可以是醇类（甲醇、乙醇、二甲醚等）、烃类（柴油、甲烷、液化石油气等），其他类型的物质也可以作为制氢材料，如金属或金属氢化物等。

（2）车载制氢的过程

以烃类燃料（汽油、柴油、LPG 和天然气等）制氢为例，通常包括氧化重整、高温变换、脱硫、低温变化、CO 净化和燃烧等过程，如图 6-14 所示。

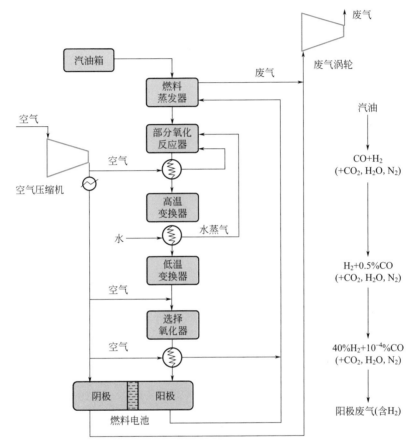

图 6-14 以汽油为燃料的车载制氢过程（注：图中的数值为体积分数）

（3）氢分离纯化方法

提取纯氢气主要有三种方法，即深冷分离法、变压吸附法（PSA）和膜分离法，如表 6-1 所示。

表 6-1　适于氢气分离的三种方法比较

项目	深冷分离法	变压吸附法	膜分离法
原理	根据沸点不同进行液化、蒸馏	在吸附剂上吸附、脱附	膜的选择性透过

项目	深冷分离法	变压吸附法	膜分离法
装置规模	大（标准状况下）	中、小（标准状况下）	中、小、超小（标准状况下）
气体纯度	非常高	非常高	高
产品形态	液态或气态	气态	气态
优缺点	可大规模生产，产物含水量低	无噪声，产物含水量低；吸附塔需自动切换，吸附剂寿命不长	低压，安全，操作连续简单，无噪声；产物含水量高

（4）氢气的储存方法

储氢技术是氢能利用走向规模化应用的关键。如何有效减小储氢系统的重量与体积，这是车载储氢技术开发的重点。一个比较理想的方案，就是采用储氢材料与高压储氢复合的车载储氢新模式。

❶ 压缩氢气（CHG）。把 CHG 装在 20～35MPa 玻璃纤维加强的铝瓶中。

优点：重量轻、成本低、技术成熟、燃料补充迅速等。

缺点：体积大，存在安全问题。

❷ 液态氢。冷冻氢气至 -253℃以下，形成液态氢，并储存在低温容器中。

优点：体积小、能量密度高、燃料补充迅速等。

缺点：生产成本和销售成本昂贵，具有挥发性等。

❸ 储氢金属。使氢气与金属镁、钒反应形成储氢金属，储氢反应是可逆的并与分解温度有关（最高可达 300℃）。

优点：尺寸紧凑、使用安全等。

缺点：氢气分解温度高（储氢镁分离温度为 287℃）以及相对较低的比能量（储氢钒比能量为 700W·h/kg）。

11 燃料电池电动汽车传动系统的参数如何匹配？

（1）电机参数的确定

定义扩大恒功率区系数 β 为电机的最高转速 n_{max} 和额定转速 n_e 之比，即

$$\beta = \frac{n_{max}}{n_e}$$

❶ 最高转速和额定转速。应综合考虑各方面因素以确定电机的最高转速，即

$$n_{max} = \frac{30u_{max}i_t}{3.6\pi r}$$

式中，n_{max} 为电机的最高转速；u_{max} 为汽车的最高车速；i_t 为传动系统传动比，对于电动汽车来讲，由于电机转速较高，因此传动比较大，一般传动比为 8 ～ 15；r 为车轮滚动半径。

电机的额定转速为

$$n_e = \frac{n_{max}}{\beta}$$

❷ 峰值转矩和峰值功率。电机的峰值转矩由最大爬坡度确定，汽车爬坡时车速很低，空气阻力可以忽略不计，则有

$$T_{g_{max}} = \frac{mgr}{\eta_t i_t}(f\cos\alpha_{max} + \sin\alpha_{max})$$

式中，$T_{g_{max}}$ 为根据最大爬坡度确定的电机峰值转矩；m 为整车质量；f 为滚动阻力系数；η_t 为机械传动系统效率；α_{max} 为最大坡道角。

水平路面上，车辆从 0 到目标车速 u_j 的加速时间为

$$t = \int_0^{u_j} \frac{\delta m}{F_t - F_f - F_w}du$$

式中，δ 为旋转质量换算系数；F_t 为车辆行驶驱动力；F_f 为滚动阻力；F_w 为空气阻力。

汽车行驶驱动力与电机峰值功率、峰值转矩之间的关系为

$$F_t = \begin{cases} \dfrac{T_{a_{max}}\eta_t i_t}{r} & n \leqslant n_e \\ 9550i_t\dfrac{P_{e_{max}}\eta_t}{n_e r} & n > n_e \end{cases}$$

式中，$T_{a_{max}}$ 为根据峰值功率 $P_{e_{max}}$ 折算的恒转矩区电机峰值转矩。

❸ 额定功率和额定转矩。电机额定功率主要通过克服滚动阻力和空气阻力进行确定。

$$P_e = (F_f + F_w)\frac{u}{3600\eta_t}$$

式中，u 可按车辆最高设计车速的 90% 或我国高速公路最高限速 120km/h 取值。

电机的额定转矩为

$$T_e = \frac{9550P_e}{n_e}$$

❹ 工作电压。如果工作电压过低，就会导致电流过大，从而导致系统电阻损耗增大；如果工作电压过高，就会对转换器的安全性造成威胁。一般燃料电池电动汽车的工作电压为 280 ~ 400V，不过目前工作电压的设计有增高的趋势。

（2）燃料电池参数匹配

汽车在平坦路面上等速行驶时所需的燃料电池功率为

$$P_i = \frac{u}{3600\eta_t}\left(mgf + \frac{C_D A u^2}{21.15}\right)$$

式中，P_i 为汽车等速行驶时所需要的燃料电池功率，kW；C_D 为空气阻力系数；A 为迎风面积，m^2。

汽车加（减）速行驶时所需要的燃料电池功率为

$$P_j = \frac{u(t)}{3600\eta_d\eta_t}\left[mgf + mgi + \frac{C_D A u^2(t)}{21.15} + \delta m a_j\right]$$

式中，P_j 为汽车加（减）速行驶所需要的燃料电池功率；$u(t)$ 为汽车加（减）速行驶速度；a_j 为汽车加（减）速度。

汽车行驶速度为

$$u(t) = u_0 + 3.6a_j t$$

式中，$u(t)$ 为汽车行驶速度，km/h；u_0 为加速起始速度，km/h；t 为行驶时间，s。

燃料电池输出功率大部分转化为驱动能量，剩余部分用于满足辅助系统的功率需求。在纯燃料电池驱动的情况下，输出功率为

$$P_{ro} = P_{fc} + P_{ff}$$

式中，P_{ro} 为燃料电池的输出功率；P_{fc} 为驱动系统的功率需求；P_{ff} 为辅助系统的功率需求。

在实际运行时，燃料电池应留有一定的后备功率。

（3）辅助动力源参数匹配

蓄电池的额定功率为

$$P_{xe} = \frac{P_{e_{max}}}{\eta_e} + P_{fd} - P_{ro} + P_{ff}$$

式中，P_{xe} 为动力蓄电池的额定功率；P_{fd} 为汽车辅助电气系统的功率需求。

蓄电池的质量为

$$m_x = \frac{P_{xe}}{\rho_{xg}}$$

式中，m_x 为蓄电池的质量；ρ_{xg} 为蓄电池的比功率。

蓄电池的额定容量为

$$C_{xe} = \frac{m_x \rho_{xn}}{U_e \eta_d}$$

式中，C_{xe} 为蓄电池的额定容量；ρ_{xn} 为蓄电池的比能量；U_e 为蓄电池的额定电压；η_d 为蓄电池的放电效率。

第7章
新能源汽车充电知识

电动汽车的充电模式，主要有快速充电（快充）和常规充电（慢充）。快速充电一般采用专门的非车载直流充电机进行充电，常规充电是利用车载交流充电机进行充电。

 电动汽车对充电设备有哪些要求？

电动汽车充电设备是指与电动汽车或动力蓄电池相连接的并提供电能的设备，这是电动汽车充电站最主要的设备。

❶ 充电安全。电动汽车充电时，要确保人员的人身安全和蓄电池组的安全。

❷ 使用方便，有智能性。充电设备应具有较高的智能性，不需要操作人员过多干预充电过程。

❸ 成本低。成本经济、价格低廉的充电设备，有助于降低电动汽车的使用成本，提高运行效益，促进电动汽车的商业化推广。

❹ 效率高。高效率是对现代充电设备非常重要的要求之一，效率的高低对整个电动汽车的能量效率具有重大影响。

❺ 污染小。采用电力电子技术的充电设备是一种高度非线性的设备，会对供电网及其他用电设备产生有害的谐波污染，并且由于充电设备功率因数低，在充电系统负载增加时，对其供电网的影响也不可轻视。

2 电动汽车的充电设备主要有哪几种类型？

❶ 非车载充电机：是指固定安装在电动汽车外，将电网的交流电能变换为直流电能，采用传导方式为电动汽车蓄电池充电的专用装置。

❷ 车载充电机：是指固定安装在电动汽车上，将交流电能转换为直流电能，采用传导方式为电动汽车蓄电池充电的专用装置。

❸ 交流充电桩：是指固定在电动汽车外、与交流电网连接，采用传导方式为具有车载充电装置的电动汽车提供交流电源的专用供电装置。交流充电桩只提供电力输出，没有充电功能，需要连接车载充电机为电动汽车充电，如图 7-1 和图 7-2 所示。

图 7-1　交流充电桩

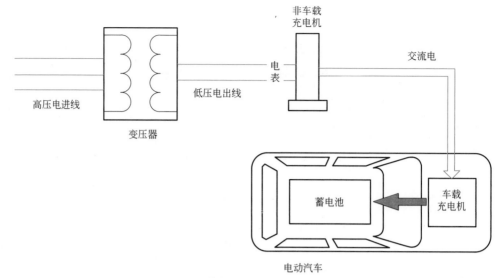

图 7-2　交流充电示意

④ 直流充电桩：是指固定在电动汽车外、与交流电网连接，可以为非车载电动汽车动力电池提供小功率直流电源的供电装置，如图 7-3 和图 7-4 所示。

⑤ 交直流充电桩：这是采用交直流一体的结构，既可以进行直流充电，也可以进行交流充电。白天充电业务多的时候，使用直流充电方式进行快速充电。当夜晚充电站用户少时，可使用交流充电方式进行慢充操作。

图 7-3　直流充电桩

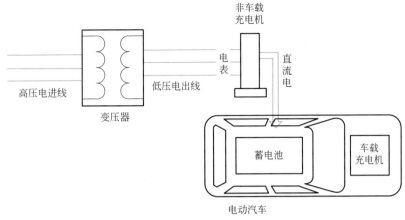

图 7-4　直流充电示意

3 什么是电动汽车的快充？

快充，顾名思义，就是快速充电的意思，也可称为迅速充电或应急充电。

❶ 时间：短。

❷ 设备：大功率非车载直流充电机，其触头布置方式如图7-5所示。快速充电接口定义见表7-1。

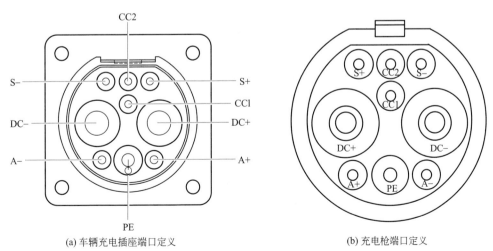

(a) 车辆充电插座端口定义　　　　　　　　(b) 充电枪端口定义

图 7-5　非车载充电机车辆插头和插座的触头布置方式

表 7-1　快充充电接口定义

接口	额定电压和额定电流	功能定义
DC+	750V/1000V，80A/125A/200A/250A	直流电源正，连接直流电源正与电池正极
DC-	750V/1000V，80A/125A/200A/250A	直流电源负，连接直流电源负与电池负极
PE	—	保护接地（PE），连接供电设备地线和车辆电平台
S+	0～30V，2A	充电通信 CAN-H，连接非车载充电机与电动汽车的通信线
S-	0～30V，2A	充电通信 CAN-L，连接非车载充电机与电动汽车的通信线
CC1	0～30V，2A	充电连接确认
CC2	0～30V，2A	充电连接确认
A+	0～30V，20A	低压辅助电源正，连接非车载充电机，为电动汽车提供低压辅助电源
A-	0～30V，20A	低压辅助电源负，连接非车载充电机，为电动汽车提供低压辅助电源

❸ 原理：充电机直接输出直流进行充电。

❹ 优点：0.5h 可以充满电池 80% 的容量。超过 80% 后，为保护电池安全，充电电流变小，充到 100% 的时间将较长。缺点：由于充电电压高、电流大，以减少电池充放电循环次数为代价，会对电池造成一定的损坏，降低电池的使用寿命。

4 什么是电动汽车的慢充？

慢充，就是常规充电，采用恒压、恒流的传统充电方式对电动汽车进行充电。

❶ 时间：长。

❷ 设备：交流充电桩＋小功率车载充电机，其触头布置方式如图7-6所示。慢充充电接口定义见表7-2。

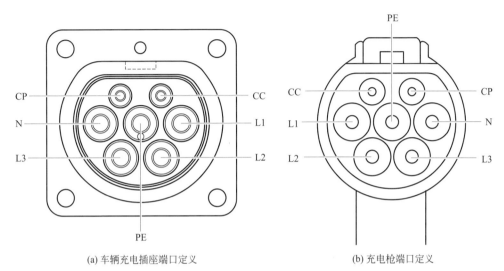

(a) 车辆充电插座端口定义　　　　　　　(b) 充电枪端口定义

图 7-6　车载充电机车辆供电插头和充电插座的触头布置方式

表 7-2　慢充充电接口定义

接口	额定电压和额定电流	功能定义
L1	250V，10A/16A/32A	交流电源（单相）
	440V，16A/32A/63A	交流电源（三相）
L2	440V，16A/32A/63A	交流电源（三相）
L3	440V，16A/32A/63A	交流电源（三相）
N	250V，10A/16A/32A	中线（单相）
	440V，16A/32A/63A	中线（三相）
PE- 接地	—	保护接地（PE），连接供电设备地线和车辆电平台
CC	0～30V，2A	充电连接确认
CP	0～30V，2A	控制导引

③ 原理：车载充电机将交流充电桩的电源转成直流，进行充电。

④ 优点：慢充的充电电流和功率都相对较小，对电池寿命影响不大，而且用电低峰时充电成本低。缺点：充电时间过长，一般需要 5～8h。

 什么是电动汽车的无线充电？

电动汽车的无线充电就是利用无线电能传输技术对蓄电池进行充电的一种新型充电方式，如图 7-7 所示。

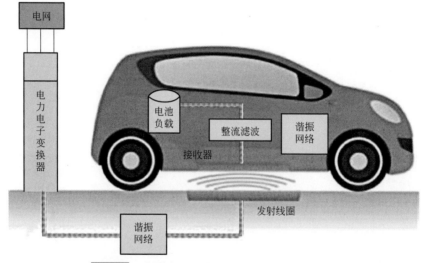

图 7-7 典型电动汽车无线充电系统基本结构

① 电磁感应充电方式：通过发射线圈和接收线圈之间传输电力，这是最接近实用化的一种充电方式。当发射线圈中有交变电流通过时，发射（初级）、接收（次级）两线圈之间产生交变电磁场，由此在次级线圈产生随磁场变化的感应电动势，通过接收线圈端对外输出交变电流。优点：能量转换率高。缺点：只能一对一充电，供电距离短（0～10cm）。

② 磁共振充电方式：原理与电磁感应方式基本相同。优点：一对多充电，无需精准定位。缺点：能量传输损耗高。

❸ 微波充电方式：使用 2.45GHz 的电波发生装置传送电力。传送的微波也是交流电波，可用天线在不同方向接收，用整流电路转换成直流电为电动汽车蓄电池充电，并且可以实现一点对多点的远距离传送。优点：充电部分装有金属屏蔽装置，使用中送电与受电之间的有效屏蔽可防止微波外漏。缺点：磁控管产生微波时的效率过低，造成许多电力变为热能被白白消耗。

电动汽车无线充电场景如图 7-8 所示。

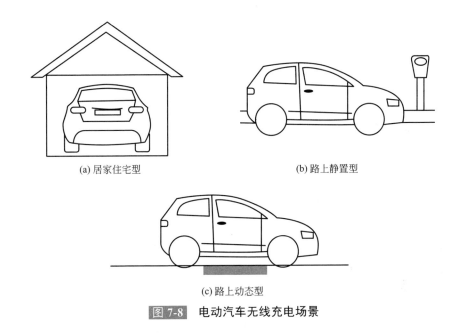

(a) 居家住宅型　　　　　　　　(b) 路上静置型

(c) 路上动态型

图 7-8　**电动汽车无线充电场景**

 什么是电动汽车的移动充电？

对电动汽车驾驶人来说，最方便、最省心的方式就是汽车在路上行驶时充电，即所谓的移动式充电（MAC）。这样的话，驾驶人就不需要专门寻找充电站、停放车辆并花费时间去充电了。MAC 系统埋设在一段路面之下，即充电区，不需要额外的空间。

❶ 接触式移动充电系统：需要在车体的底部装一个接触拱，通过与嵌在

路面上的充电元件相接触，接触拱就可以获得瞬时高电流。当电动汽车通过移动式充电区时，就可以为电动汽车充电。

❷ 感应式移动充电系统：感应线圈取代车载式接触拱，可产生强磁场的高电流绕组取代嵌在路面上的充电元件，成为感应式移动充电系统。

接触式和感应式的移动充电系统，都可以给电动汽车充电。不过，接触式移动充电系统由于机械损耗和接触拱的安装位置等因素的影响，电动汽车驾驶人对此并不太感兴趣。

什么是"光储充"一体化充电站？

"光储充"，顾名思义，就是"光伏发电、储能电池和充电桩"。"光储充"一体化充电站，就是通过"以光养桩"，实现新能源、储能、智能充电互相协调支撑的一种高科技绿色充电模式。"光储充"一体化充电站采用了模块化的设计理念，包含供配电系统、整流系统、光伏系统、储能系统和充电系统等模块，具备清洁能源双向路由、供需侧管控、电网能量友好交互等功能于一体，可作为新能源汽车使用新能源电的典型应用场景，如图7-9所示。

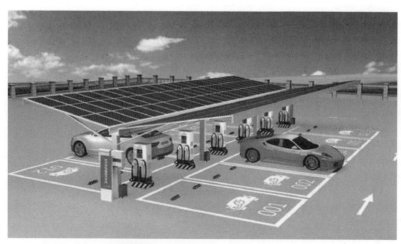

图 7-9 "光储充"一体化充电站

"光储充"一体化充电站可实现并网和离网两种运行模式。将"光储充"一体化充电站并入电网，除了接收来自光伏太阳能板的能量外，储能电池在电价低的时候充电，在电价高的时候放电，降低充电成本的同时可以削峰填谷，也弥补了太阳能发电不连续性的缺点。当电网断电时，"光储充"系统可以采用离网运行模式对新能源汽车进行应急充电。

 什么是"车载换电"充电方式？

除了上面讲到的充电方式外，还有一种特殊的"充电方式"，那就是更换电池组。这种充电方式是在车辆蓄电池电量耗尽时，通过特定的更换站，用充满电的电池组替换已经耗尽电量的电池组，如图 7-10 所示。

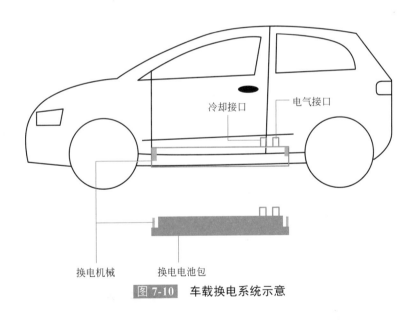

图 7-10 车载换电系统示意

更换电池集成了常规充电模式和快速充电模式的优点，也就是说可以用低谷电给电池组进行深度充电，又能在很短时间内为车辆完成"充电"添加能源过程。通过使用机械设备更换，整个电池更换过程花费的时间与现有传统燃油汽车的加油时间大致相当。

电动汽车充电时要注意什么？

① 充电时，尽量把车停放在避风向阳且温度较高的环境中。

② 在下雨天，尽量不要给车充电。

③ 在小雨天，如果能保证在拔插充电枪时有雨具遮挡，雨水无法进入充电口，那么也是可以给车充电的。

④ 在寒冷的冬季，用车后最好及时充电，这样可以确保动力电池处于一个较高温度，避免充电加热阶段，有效缩短充电时间。

⑤ 在冬季充电时，要预防雪水淋湿充电接口，也不要把充电插头直接暴露在雪水中，防止发生短路。

⑥ 在气温过低的冬季，给车充电时先检查充电是否开启，以防因气温过低导致充电异常等情况出现。检查充电桩充电电流，如果充电电流达到 12A 以上，说明充电已开启。

⑦ 在炎热的夏季，避免在高温下给车充电。建议车辆高速行驶后，停放 30min，然后在阴凉通风处进行充电。

⑧ 在下暴雨或打雷时，尽量不要给车充电。

⑨ 在露天或者地势较低的地方给车充电时，如果开始下雨，就要立即终止充电，以防积水超过充电口发生短路。

⑩ 充电时，能选择慢充就选择慢充，这样能够延长电池的使用寿命。

第8章
新能源汽车暖风与空调系统知识

 新能源汽车与传统燃油汽车的空调压缩机有什么区别?

　　压缩机是汽车空调制冷装置的"心脏",作用是把低压低温的气态制冷剂压缩成高压高温的气态制冷剂,并推动制冷剂在系统中循环流动。

　　新能源汽车空调系统的制冷原理与传统汽车大致相同,主要区别就是压缩机的驱动方式发生了变化。传统燃油汽车基本都采用发动机传动带(皮带)驱动,而新能源汽车空调压缩机采用电驱动的方式,如图8-1和图8-2所示。

(a) 传统燃油汽车传动带驱动空调压缩机

(b) 新能源汽车电动压缩机

(c) 比亚迪e6电动压缩机

图 8-1　空调压缩机

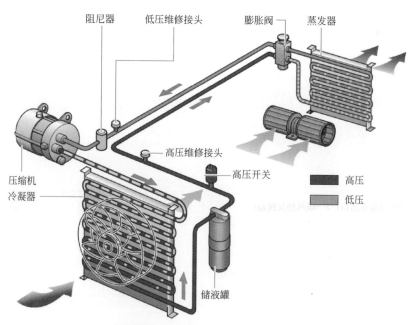

图 8-2　新能源汽车制冷系统示意

新能源汽车与传统燃油汽车的暖风系统有什么区别？

新能源汽车暖风系统与传统燃油汽车的主要区别在于加热方式不同。

新能源汽车在暖风实现的形式上，通常是利用电加热的方式来产生暖风。电加热有两种方式：一种是通过加热冷却液，再经过循环为暖风水箱提供热量；另一种是直接加热经过蒸发箱的空气实现暖风。

（1）新能源汽车暖风系统的组成

新能源汽车暖风系统，由电子开关模块、空气净化风扇（鼓风机）、蒸发器、PTC加热器（热交换器）、温度传感器、出风风道、出风口等元件构成（图8-3）。PTC加热器作为加热元件，通过动力电池供电，由电子开关模块控制通电发热。

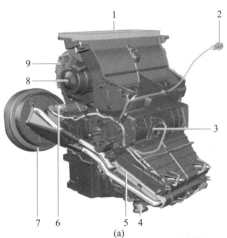

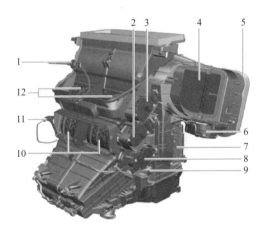

1—上部出风口；2—中部出风口温度传感器；3—脚部空间出风口温度传感器；4—暖风和空调器的冷凝水出口；5—暖风热交换器；6—IHKR/IHKA控制单元上的插头；7—前围板防尘套；8—鼓风机电机；9—鼓风机功率输出级

1—中部出风口温度传感器；2—左侧和右侧脚部空间出风口步进电机；3—除霜功能步进电机；4—循环空气风门；5—前围板上的车外空气进气区域；6—循环空气风门步进电机（带运动学控制装置）；7—上下叠加的两个微尘滤清器的维修盖板；8—混合风门步进电机；9—蒸发器温度传感器；10—脚部空间出风口空气风门；11—脚部空间出风口温度传感器；12—中部出风口空气风门

图8-3 新能源汽车暖风系统的结构组成

（2）新能源汽车暖风的加热方式

❶ PTC加热器的加热方式：PTC是Positive Temperature Coefficient（正

温度系数）的缩写，泛指正温度系数很大的半导体材料或元器件，具有热阻小、换热效率高的显著优点。以北汽 EV 系列电动汽车为例，PTC 加热器的控制原理为：点火开关打开后，空调继电器为压缩机控制器、PTC 控制器和 PTC 提供电源。PTC 控制器根据来自空调面板的暖风请求信号（CAN-H 和 CAN-L）以及温度传感器信号，控制 PTC 加热器工作，如图 8-4 所示。

❷ 加热丝加热冷却液的方式：新能源汽车冷却液的作用，一方面是给汽车上容易发热的元件（如电机等）散热；另一方面在温度较低时给驾驶室提供热源。为保证在温度较低时给车内提供足够的热源，在冷却液循环系统上安装了一个加热装置，串联在冷却液循环系统中来加热冷却液（图 8-5）。加热器由控温器和限温器组成，控温器一般都设置在插入水中的金属管内，其最高控制温度一般都设定合适的温度区域，这样可保证加热器有较大的蓄热量。为了确保控温器失灵时加热冷却液温度过高，影响汽车的工作性能，还在热水器上安装了限温器，其限温值设定在略高于控温器的最高控制温度，一旦加热温度达到设定值时，限温器就立即切断电源，以防加热失控。

图 8-4　用于暖风加热的 PTC 加热器（热交换器）　　图 8-5　冷却液加热装置

新能源汽车空调的 PTC 制热与热泵制热有什么区别？

新能源汽车空调的 PTC 制热与热泵制热的区别在于，PTC 制热属于"制造"热，而热泵制热属于"搬运"热。

PTC 制热的主要问题是耗电，进而影响电动汽车的续航里程。例如，一个

2kW 的 PTC，全功率工作 1h 要消耗掉 2kW·h 电。如果按一辆车行驶 100km 耗电 15kW·h 计算，2kW·h 就将损失 13km 的续航里程。很多寒冷地区的车主经常抱怨电动汽车续航里程"缩水"太多，部分原因就在 PTC 制热耗电上，再加上动力电池内的物质活性在寒冷天气会下降，放电效率不高，续航里程也会大打折扣。

在新能源汽车上，热泵制热就是把热量从相对低温处（车外）"搬运"到相对高温处（车内）。如图 8-6 所示，由传动带驱动的直流无刷电动机的电动汽车热泵，空调系统的制冷/制热模式由四通换向阀转换，实线箭头表示制冷工况，虚线箭头表示制热工况。从原理上讲，该系统与普通的热泵空调并没有区别，但是用在电动汽车上，其专门开发了双工作腔滑片压缩机、直流无刷电动机和逆变器控制系统。

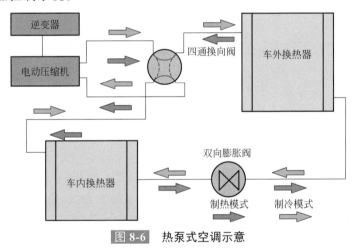

图 8-6　热泵式空调示意

热泵的工作原理如下。

低沸点液体（比如空调里的制冷剂）经过节流阀减压后蒸发，从较低温处（比如车外）吸热，然后经压缩机将蒸气压缩，使温度升高，在经过冷凝器时放出吸收的热量而液化后，再回到节流阀处。如此循环工作，就能源源不断地把热量从较低温处"搬运"到需要热量的较高温处。热泵技术可以使用 1J 的能量，从更冷地方"搬运"大于 1J 甚至 2J 的能量，因此在耗电量上要大为节省，如图 8-7 所示。

压缩机能量消耗需要 1/4 能量用于压缩制冷剂。热泵可从环境热量中获取剩余的 3/4 热量。因此 1/4 能量消耗加上 3/4 能量自给的环境热量得到 4/4 可用热量，该热量可通过例如冷却液传输至暖风循环回路。

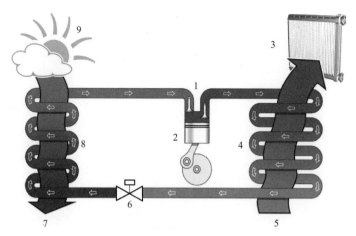

图 8-7　热泵的工作原理

1—压缩；2—能量消耗 1/4；3—热交换器；4—有效热量 4/4；5—液化；
6—通过膨胀阀消除应力；7—蒸发；8—环境热量 3/4；9—车外温度

新能源汽车与传统燃油汽车的送风系统有什么区别？

新能源汽车送风系统的组成，包括鼓风机、风道、风口和出风口等。新能源汽车送风系统与传统燃油汽车送风系统有所区别，但基本相似，空气通过蒸发器和热交换器形成冷风或暖风和风速，根据驾驶人的需要输送到指定出风口，如图 8-8 所示。

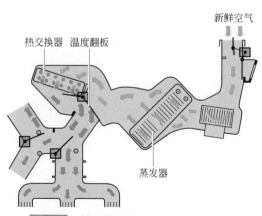

图 8-8　新能源汽车送风系统原理示意